WIENER MELANGE

ZENTRAL

HEIKE HERRBERG · HEIDI WAGNER

WIENER MELANGE

FRAUEN ZWISCHEN SALON UND KAFFEEHAUS

edition ebersbach

Die Deutsche Bibliothek – CIP-Einheitsaufnahme
Ein Titeldatensatz für diese Publikation ist
bei der Deutschen Bibliothek erhältlich

1. Auflage 2002

Droysenstraße 8, 10629 Berlin
www.edition-ebersbach.de

Satz: Verlag Die Werkstatt, Göttingen
Druck und Bindung: Westermann Druck, Zwickau

ISBN 3-934703-37-2

INHALT

INHALT

DRAMATIS PERSONAE

Ea von Allesch (1875-1953) – Die Königin der Cafés war eine der spannungsreichsten Erscheinungen der Wiener Boheme. Von ihren zahlreichen Verehrern zur Muse männlicher Kunst stilisiert, war sie eine ambitionierte Journalistin, die witzig und kreativ Mode und Moral ihrer Zeit kommentierte.

Gertrud Bodenwieser (1890-1959) – Die Ausdruckstänzerin und Pädagogin verhalf dem Wiener Tanz-Expressionismus zum Durchbruch. Ihr Stil war intellektuell und ästhetisch und beeinflusste Tänzerinnen von Europa bis Australien.

Dorothy Burlingham (1891-1979) – Die Millionenerbin der New Yorker Tiffany-Juwelen kam Mitte der zwanziger Jahre als Ehefrau und Mutter nach Wien, um ihre Kinder bei Anna Freud analysieren zu lassen. Dorothy und Anna wurden privat und beruflich ein unzertrennliches Paar.

Veza Canetti (1897-1963) – In den frühen dreißiger Jahren viel gelesene Schriftstellerin, deren Erzählungen vor allem in der angesehenen Wiener *Arbeiter-Zeitung* veröffentlicht wurden. Zunächst Lehrerin und Partnerin, dann auch Ehefrau des späteren Literatur-Nobelpreisträgers Elias Canetti.

Trude Fleischmann (1895-1990) – Eine Pionierin der Porträt- und Aktfotografie. Ihr Atelier in Wien war bis 1938 Treffpunkt von Kunst und Kultur. In New York City gelang ihr ab 1940 eine zweite Karriere.

Anna Freud (1895-1982) – Die treu sorgende Tochter und Mitarbeiterin ihres Vaters Sigmund Freud wurde zur Begründerin der Kinderanalyse. Mit dreißig Jahren lernte sie die Frau ihres Lebens kennen: Dorothy Burlingham. Das Haus der beiden war Treffpunkt der psychoanalytischen Szene.

Hilde Holger (1905-2001) – Tänzerin, Choreografin und Bewegungstherapeutin in Wien, Bombay und London. Die Schülerin von Gertrud Bodenwieser prägte ihren Tanzstil durch den Umgang mit der Wiener Kunstavantgarde. Hilde Holger arbeitete bis zuletzt tanzpädagogisch in London.

Maria Jeritza (1887-1982) – Primadonna des Jahrhunderts und erster Reisestar zwischen Wiener Staatsoper und New Yorker Met. Ihre Stimme und ihr Spiel begeisterten die größten Komponisten des 20. Jahrhunderts. Noch als 63-Jährige feierte sie triumphale Bühnenerfolge.

Milena Jesenská (1896-1944) – Politische Journalistin aus Prag. In ihrer Jugend kämpfte sie gegen bürgerliche Konventionen, später mutig und entschlossen gegen den Faschismus. Sie starb im Frauen-KZ Ravensbrück. Bekannt wurde sie durch Kafkas posthum veröffentlichte „Briefe an Milena".

Dora Kallmus alias Madame d'Ora (1881-1963) – Sie wurde als erste Frau in die „Photographische Gesellschaft" in Wien aufgenommen. Ihr Atelier galt bis 1925 als das berühmteste der Stadt, wo alle Stars fotografiert werden wollten. Mitte der Zwanziger zog es sie nach Paris.

Gina Kaus (1893-1985) – Die Schriftstellerin, eine Freundin von Milena Jesenská, führte ein Leben zwischen Kaffeehaus und Palais. Im Exil in Hollywood schrieb sie Drehbücher für Joan Crawford und andere Filmstars.

Gertrud Kraus (1903-1977) – Tänzerin und Choreografin mit intensiver Ausstrahlung und sozialkritischen Themen. Erkannte als Erste der Wiener Ausdruckstänzerinnen die Gefahr des Nationalsozialismus und ging Mitte der dreißiger Jahre ins Exil nach Israel. Ihren Unterricht begleitete die studierte Pianistin stets selbst am Klavier.

Lotte Lehmann (1888-1976) – Die Opernheilige sang, dass es Sterne rührte. Zwischen ihr und der Jeritza bestand eine tiefe Rivalität. Prügeleien der Fans belebten die Abendkasse.

Lina Loos (1882-1950) – Ihr Zuhause war das Kaffeehaus, ihr Leben finanzierte sie durch die Schauspielerei. Sie schrieb scharfsinnige, witzige Gesellschaftskritiken und wurde umschwärmt von berühmten Frauen und Männern.

Alma Mahler-Werfel (1879-1964) – Führte einen der bekanntesten Salons in Wien. Ehrgeizige Muse und Geliebte vieler berühmt gewordener Männer. Ihre Leidenschaft galt der Entdeckung und Förderung männlicher Genies.

Ida Roland (1881-1951) – Star am Wiener Burgtheater. Liebte androgyne Charaktere statt des klassischen Heroinenfachs. Vehemente Anhängerin der europäischen Friedensbewegung.

Eugenie Schwarzwald (1872-1940) – Streitlustige Reformpädagogin mit Hang zur Frauenbewegung und berühmten Schülerinnen. Die Jeanne d'Arc des Schulwesens provozierte durch Ideenreichtum und unentwegte Energie. In ihrem Salon trafen sich KünstlerInnen und Intellektuelle aus ganz Europa.

Hilde Spiel (1911-1990) – Schriftstellerin, Kritikerin und Journalistin. Besuchte regelmäßig das Café Herrenhof und hatte mit 22 Jahren ihren ersten Romanerfolg. Nach Jahren des Exils kehrte sie 1963 nach Wien zurück und wurde die „Grande Dame" der deutschsprachigen Literatur.

Grete Wiesenthal (1885-1970) – Sie machte den Tanz außerhalb der Wiener Hofoper salonfähig und kreierte als freischaffende Künstlerin Wiener-Walzer-Seligkeit.

Berta Zuckerkandl (1864-1945) – Politische Journalistin mit Zugang zu höchsten europäischen Regierungskreisen. Ihr Salon war eine Drehscheibe der Kontakte für das liberale und fortschrittliche Wien. Bis zu ihrer Emigration prägte sie das kulturelle Leben der Stadt entscheidend mit.

KAPITEL 1

SZENARIUM

„Ich weiß nicht, was in Wien geschehen müßte, damit das Volk darüber keine Witze machte ... Lustigkeit ist der erste Grundsatz Wiens", schreibt 1922 die Prager Journalistin und Wahlwienerin Milena Jesenská. Ihre Wiener Kollegin Hilde Spiel meint: „Die Musik wird hier ernster genommen als alle Ereignisse in Gesellschaft, Wirtschaft, Politik." Und die Tänzerin Maria Ley-Piscator stellt fest: „Mit dem Untergang der Monarchie erblühten die Künste. Sie waren nicht verstummt. Im Gegenteil, sie waren viel wichtiger geworden."

Wien zwischen 1918 und 1938 steht für eine aufregende weibliche Epoche in Literatur und Fotografie, Musik und Tanz, Pädagogik und Psychoanalyse. Wie nie zuvor wird das künstlerische Milieu der österreichischen Hauptstadt in der Ersten Republik von Frauen bewegt. Wien ist vor allem eine Stadt der Kunst. Das macht sie – verglichen mit Paris, London oder Berlin – einmalig unter den europäischen Hauptstädten dieser Zeit. „Der Ministerpräsident, der reichste Magnat konnte in Wien durch die Straßen gehen, ohne daß jemand sich umwandte; aber einen Hofschauspieler, eine Opernsängerin erkannte jede Verkäuferin und jeder Fiaker."[1] Wien ist in den zwanziger und dreißiger Jahren eine genießerische Stadt. Geselligkeit, heitere Selbstironie und ein „Zusammengehen von geistigem und erotischem Leben" prägen die Atmosphäre. Musik und Theater sind der beliebteste Zeitvertreib der Wiener Gesellschaft, und wer sich selbst eine Stehplatzkarte für Oper oder Burgtheater nicht leisten kann, liest am nächsten Tag die Berichte in den Zeitungen, die in allen Kaffeehäusern ausliegen. Porträtfotos der Stars werden begeistert ge-

LINKS **Aufregend weiblich: Tänzerinnen finden in den zwanziger Jahren neue Ausdrucksformen.**

sammelt, getauscht und an jeder Straßenecke verkauft. Das Flair lockt Künstlerinnen, Künstler und alle, die zur Szene gehören wollen, aus der alten k. u. k. Monarchie in die Metropole.

Auch als die weltpolitische Lage alles andere als lustig ist, geht's in Wien scheinbar munter weiter. „Wien praßt, Wien tanzt, Wien amüsiert sich, Wien singt und spielt Walzer und unsinnigere Operetten als je zuvor. Und dasselbe Wien siecht dahin, stirbt, ist voller Reparationskommissionen, und seine politischen Führer reisen in der ganzen Welt herum, um Hilfe zu erbitten", schreibt Milena Jesenská 1919.[2]

Die österreichische Hauptstadt steht zum Ende des Ersten Weltkrieges am Rande des Abgrunds. Mit dem militärischen Zusammenbruch ist die Donaumonarchie untergegangen. Der Vielvölkerstaat mit 54 Millionen Menschen und deren Sprachenvielfalt löst sich in seine nationalen Bestandteile auf: Böhmen und Mähren, Galizien und die Bukowina, Bosnien und Herzegowina, Kroatien, Slowenien...

Wien, einst die Hauptstadt eines großen Reiches mit verschiedenen Kulturen, bleibt nun als viel zu große Metropole in einem kleinen Rest-Österreich zurück und hat immense Probleme: Das wirtschaftliche Hinterland in Ungarn, Böhmen und Mähren ist verloren, die Nahrungsmittel-, Energie und Rohstoffquellen versiegen, vor allem fehlen Fleisch und Milch aus Ungarn. Der Verwaltungs- und Dienstleistungsapparat ist jetzt nur noch für sieben Millionen Menschen zuständig – und damit ein völlig überdimensionierter Wasserkopf. Zahlreiche Deutschsprachige des ehemaligen Reiches kommen nach Wien, ebenso wie verfolgte Jüdinnen und Juden aus Osteuropa. Viele Wiener TschechInnen und UngarInnen übersiedeln dagegen in ihre neu entstandenen Nationalstaaten.

Ab November 1918 ist Österreich eine Republik, und schon zwei Monate später gibt es Hungerdemonstrationen, Streiks und Unruhen. Tausende sterben an Typhus, Cholera und Spanischer Grippe. Doch in den Lokalen und Kaffeehäusern geht es hoch her. Im Rhythmus von Shimmy, Charleston und Foxtrott feiert Wien, „das fidele Grab an der Donau", seinen Untergang in Ka-

Ein typisches Prater-Gasthaus: „Zum Walfisch" um 1930.

baretts und auf Faschingsfesten. „Man geht, so ist es üblich, gemeinsam hin", schreibt Hilde Spiel, „aber die Eheleute trennen sich sogleich und verbringen die Ballnacht mit Unbekannten. Der Krieg hat alle bürgerlichen Sitten gelockert, man ist es sich schuldig, fremden Menschen begehrlich zu erscheinen, bis an die Grenze zu gehen im hautnahen Tango, weiter zumeist nicht."[3] Opernvorstellungen sind ausverkauft. An der Staatsoper beginnt mit der Spielzeit 1919/20 eine neue Ära: Der renommierte Komponist und neue Direktor

Stehgeiger und Tänzerin in einem Nachtcafé, 1930.

Richard Strauss bringt *Die Frau ohne Schatten* zur Erstaufführung. Die glamouröse Maria Jeritza und Stimmwunder Lotte Lehmann sorgen für Begeisterungsstürme und Gesprächsstoff auf dem spärlich beleuchteten Heimweg.

Der Schauspielerinnenkult hat Krieg und Massenarbeitslosigkeit überdauert. An „der Burg“, wie das staatliche Burgtheater kurz heißt, wird fleißig inszeniert, das Theater in der Josefstadt arbeitet an Aufsehen erregenden Aufführungen. Die Schauspielerin Ida Roland gibt am Volkstheater die Edelhure Effie in Frank Wedekinds Drama *Schloß Wetterstein.* Das Stück hat in Berlin, München und Zürich bereits Theaterskandale provoziert und Absetzungen dieser gewagten modernen Frauenrolle hinnehmen müssen. Im schauspielbesessenen Wien jedoch gibt es 135 Aufführungen, die Presse beurteilt sachlich-kritisch die Psyche der Hauptfigur und ist entzückt von den Fähigkeiten der Roland.

Die Wahlen im Februar 1919, bei denen Frauen zum ersten Mal ihre Stimme abgeben dürfen, bringen den politischen Umsturz und der sozialdemokratischen Partei eine bequeme Mehrheit. Wien wird verwaltungsmäßig vom Land Niederösterreich getrennt und eigenes Bundesland. Die Hauptstadt wird somit sozialdemokratisch regiert, die Bundesregierung ist christlichsozial. Damit sind Konflikte vorprogrammiert. Zugespitzt durch die kulturellen Gegensätze zwischen Metropole und den eher ländlichen Gebieten der Alpenrepublik kommt es immer wieder zu militanten Auseinandersetzungen und Straßenkämpfen.

Politiker, die sich während der Woche im Parlament erbittert bekämpft haben, geben sich sonntags im Salon von Berta Zuckerkandl – auf „neutralem Boden" – versöhnlich die Hand. Die Journalistin ist neben Alma Mahler-Werfel die bekannteste Salonière der ersten Wiener Republik. Bei ihr trifft sich *tout Vienne.* Sie schreibt politische Artikel und setzt sich leidenschaftlich für viel versprechende junge Künstler ein, erkennt das Genie in Gustav Klimt, Franz Werfel oder Oskar Kokoschka. Letzterer verdankt seine ersten Aufträge der Reformpädagogin Eugenie Schwarzwald, die lockere Kleidung propagiert und mit ihren unkonventionellen Lehrmethoden in Wien für einigen Wirbel sorgt. Sie macht, „offenbar in einem Anfall von Irrsinn, diesen verschrobenen Porträtisten zum Zeichenlehrer in ihrer Mädchenschule, jawohl Mädchenschule".

Hinter jedem berühmten Mann steht eine starke Frau – dies trifft auf die Künstlerszene Wiens im ersten Drittel des 20. Jahrhunderts zweifelsohne zu. Alma Mahler-Werfel verewigt in ihrem Namen zwei ihrer berühmten Ehemänner – Gustav Mahler und Franz Werfel –, die sie in deren künstlerischem Schaffen uneingeschränkt unterstützt und gnadenlos zur Arbeit antreibt. In Almas Salon wird nach Popularität und Prominenz ausgewählt. Hier verhandelt man in der einen Ecke über die Vergabe eines hohen Regierungspostens

Auch Josephine Baker, die Königin des Charleston, hat einige Auftritte in Wien.

und beschließt in der anderen die Besetzung einer neuen Komödie am Burgtheater. Auch über den Auftritt der Berliner Nackttänzerin Anita Berber, die 1922 für einige Gastspiele vom Kurfürstendamm an die Donau kommt, wird heiß diskutiert.

Seit Isadora Duncan 1902 in Wien ihren Tanzabend gegeben hat, wird hier das klassische Ballett in Frage gestellt, wollen die Tänzerinnen sich von Spitzenschuh und sterbenden Schwänen befreien. Grete Wiesenthal und ihre beiden Schwestern entwickeln die heiter-wienerische Walzervariante des Freien Tanzes und debütieren damit 1908 im Kabarett Fledermaus. Die Pionierin des österreichischen Ausdruckstanzes, Gertrud Bodenwieser, hat ihren ersten Auftritt 1919. Wie Gertrud Kraus und Hilde Holger entwickelt sie ihren eigenen expressiven Stil und schreckt auch vor sozialkritischen Themen nicht zurück. In Kabaretts und auf Kleinkunstbühnen tanzen leicht bekleidete Revuemädchen, die Londoner Tiller-Girls gastieren mehrmals in Wien. „Niemals hat es so viele Bars und Kabaretts und Tingeltangel gegeben, und niemals waren sie so gefüllt wie jetzt", ist 1921 in der Presse zu lesen.

Ab 1924 sorgt die „Österreichische Radio-Verkehrs-AG" für tägliche Musikübertragungen im Rundfunk. Im gleichen Jahr wird *Die Bühne* gegründet. Diese Wochenzeitschrift wendet sich an das moderne aufgeschlossene Bürgertum, berichtet aus der Welt des Theaters und der Oper, über Uraufführungen, Nackttänzerinnen, Wintermode und Sommerreisen. Der Zeitschriftenmarkt boomt, und mit ihm die Fotografie. Viele junge Frauen machen sich in den zwanziger Jahren als Fotografinnen selbständig. Trude Fleischmanns Bilder der Tanz- und Operngrößen sind allwöchentlich in der *Bühne* zu bewundern. Ihre Aktaufnahmen von sportlichen jungen Frauen sorgen für Aufsehen und rufen in Berlin 1925 sogar die Staatsanwaltschaft auf den Plan. Josephine Baker, Anita Berber, Mary Wigman – die in Wien gastierende Prominenz lässt sich am liebsten von Madame d'Ora ablichten. Ihre Spezialität sind Starporträts. Sie steigt auch schon früh in die Modefotografie ein, die in den zwanziger Jahren richtig in Schwung kommt, stattet ihre Models schon mal mit Kurzhaarfrisur und Hose aus und demonstriert damit den Wandel der Frau und ihrer Rolle in der modernen Zeit.

Wiener Mode Ende der dreißiger Jahre.

Blick auf die Leopoldstadt (Obere Donaustraße/Ecke Taborstraße) mit ihren vielen Kaffeehäusern.

Wien ist zwar Metropole, doch die Szenen sind klein – zu klein, um sich nicht über den Weg zu laufen oder sich gar zu ignorieren. Die künstlerische Szene trifft sich im Kaffeehaus. Bei einem Mokka oder einer „Schale Gold" kann man in dieser demokratischen Einrichtung stundenlang im Warmen sitzen und die Zeitungen aus ganz Europa lesen oder Pläne für eine bessere Zukunft schmieden. Hier verhandelt die Autorin mit ihrem Verleger über einen Vorschuss, während am Nachbartisch ein Literat vergeblich darauf wartet, entdeckt zu werden. Den Schriftstellerinnen und Autoren geht es schlecht in diesen Zwischenkriegsjahren. Zwar gibt es viele Zeitungen, doch die Honorare sind miserabel. Und ein gedruckter Artikel pro Monat ist das Höchste, was man erwarten darf. Von einer festen Stelle in der Branche können junge Autoren und speziell Frauen nur träumen. „In allen Positionen saßen reife Männer, die Familien zu erhalten hatten und nicht gewillt schienen, vor dem letzten Atemzug jenen Platz abzugeben, den sie mit Mühe errungen hatten."[4] Ea von Allesch, die bei der *Modernen Welt* das Moderessort leitet, kann sich also glücklich schätzen. Ihre originellen Reportagen würzt sie mit kräftigen Seitenhieben auf Politik und Gesellschaft. Ea ist die ungekrönte Königin des legendären Café Central, umschwärmt von allen Männern, liiert in einer *ménage à trois.* Auch die Diseuse und Feuilletonistin Lina Loos ist mit ihrem pointierten Humor der Mittelpunkt jeder Runde im Central. Hier verfasst der Sprachkritiker Karl Kraus an seinem Stammtisch täglich flammende Artikel für *Die Fackel.* Unerbittlich zieht er in seiner Zeitschrift gegen die Verlotterung der Sprache als Ausdruck des Kulturverfalls zu Felde, verleumdet und verunglimpft alle, die nicht seiner Meinung sind. Damit zieht er sich zwar den Zorn vieler Mitmenschen zu, ist zugleich aber eine Art moralisches Gewissen für viele junge Autoren und Autorinnen wie Hilde Spiel oder Veza Canetti.

Wer in der Wiener Literaturszene der zwanziger und frühen dreißiger Jahre Erfolg haben will, muss sich im Café Herrenhof blicken lassen. Hier trifft sich jetzt „alles, was politisch und erotisch revolutionär gesinnt" ist. Zur Herrenhof-Generation gehören die Schriftstellerinnen Gina Kaus und Vicky Baum sowie ihre Prager Kollegin Milena Jesenská; sie diskutieren hier mit Franz Werfel und Hermann Broch die neuesten politischen Ereignisse. Die junge Hilde Spiel feiert im Herrenhof ihren Literaturpreis, den die Stadt ihr für den Romanerstling *Kati auf der Brücke* verliehen hat.

Im sozialdemokratischen „Roten Wien" sind für Frauen viele Lebens- und Liebesmodelle möglich; die Stadt ist gemächlich, aber kosmopolitisch, es besteht ein reger Austausch mit anderen Metropolen. Insbesondere die psychoanalytische Szene gestaltet sich Mitte der zwanziger Jahre zunehmend international. In der amerikanischen Avantgarde ist es modern, sich in Übersee analysieren zu lassen, und auch viele europäische Intellektuelle kommen zu diesem Zweck in die Hauptstadt der Psychoanalyse. Ein Zirkel unkonventioneller und selbstbewusster Frauen trifft sich in der Wiener Berggasse bei Sigmund Freud, einem der berühmtesten Wiener aller Zeiten. Seine Tochter Anna begründet hier die Psychoanalyse für Kinder und entwickelt mit ihrer Partnerin Dorothy Burlingham und anderen Freundinnen ein Netz von sozial reformerischen Einrichtungen.

Die Wiener Stadtverwaltung setzt in den zwanziger Jahren ein beispielloses Reformprogramm um. Insbesondere die Wohnungsnot soll gelindert werden. Ausgedehnte „Gemeindebauten" entstehen, gruppieren sich um begrünte Innenhöfe, inklusive Wäscherei und Kindergarten. Volkshochschulen und städtische Bibliotheken gehören ebenso zu der neuen sozialen Infrastruktur wie Kliniken und Altenheime. Finanzstadtrat Hugo Breitner stellt ein Steuersystem auf, das ihm den Vorwurf des „Steuerbolschewismus" einbringt. Er wehrt ab: „Die Betriebskosten der Kinderspitäler decken die Steuern aus den Fußballspielen, die Betriebskosten der Schulzahnkliniken liefern die vier größten Wiener Konditoreien … Die Schulärzte zahlt die Nahrungs- und Genußmittelabgabe des Sacher. Die gleiche Abgabe vom Grand-Hotel, Hotel Bristol und Imperial liefert die Aufwendungen für die Kinderfreibäder. Das städtische Entbindungsheim wurde aus den Steuern der Stundenhotels erbaut und seine Betriebskosten deckt der Jockeyclub mit den Steuern aus den Pferderennen."[5]

Auch wenn Telefon, Auto und Waschmaschine nur einer kleinen Minderheit vorbehalten sind, haben in der Hochkonjunkturphase 1925 bis 1928 breitere Schichten am beginnenden Wohlstand und am Massenkonsum teil. Doch Weltwirtschaftskrise und der Bankenzusammenbruch 1931 kündigen vom Ende der kurzen Blütezeit. Die Arbeitslosigkeit nimmt wieder katastrophale Ausmaße an, Reiche werden arm, Spekulanten zu Inflationsmillionären. 1933 löst sich das Parlament auf, der christlichsoziale Bundeskanzler Dollfuß regiert mit Sondergesetzen. Aus Deutschland kommen nach Hitlers Machtübernahme jüdische Künstlerinnen und Künstler scharenweise nach Wien. Doch schon ein Jahr später werden auch hier die antisemitischen Parolen lauter, Reformen rückgängig gemacht, demokratische Gremien aufgelöst. Die

Das Hotel Bristol (hinten) gegenüber der Hofoper (vorn links).

fortschrittliche Presse wird verboten. Wie Veza Canetti verlieren damit viele Autorinnen und Journalisten ihre wesentliche, wenn auch magere Verdienstquelle. Im Februar 1934 kommt es zum Bürgerkrieg – drei Tage, in denen die Sozialdemokratie zerschlagen wird. Für viele Intellektuelle ist dies eine Warnung zum Aufbruch, ein Signal, Vorbereitungen für ein Leben im Exil zu treffen. Andere hoffen bis zuletzt auf ein Wunder, realisieren erst beim Einmarsch der Nazis im März 1938, dass es höchste Zeit ist, das Land zu verlassen …

KAPITEL 2

INSPIRIEREND UND KÜHN: DIE NETZWERKERINNEN DER SALONS

DIE HOFRÄTIN UND DIE MUSE

12. November 1918. Wien erlebt den Untergang der Donaumonarchie. In Österreich wird die Republik ausgerufen. Im Café Landtmann, dem Treffpunkt der feinen Wiener Gesellschaft neben dem Burgtheater, schlagen Aufrührer sämtliche Scheiben ein. Panisch stürzen die Gäste auf die Straße oder flüchten sich in die oberste Etage des noblen Bürgerhauses, wo Berta Zuckerkandl wohnt.

> „Ungefähr 50 Personen sind keuchend die Treppe heraufgekommen, drängen sich nun in meinem Vorzimmer, Frauen kreischen, einige fallen in Ohnmacht. Alle sind, als das Café gestürmt wurde, durch eine Hintertür in unser Treppenhaus entwischt und in den 4. Stock hinaufgeeilt, um sich weit genug von dem Straßentumult zu entfernen. So gut wie möglich mache ich Platz. Dann aber, als die Leute ruhiger werden, kann ich mich trotz der tragischen Situation eines Lächelns nicht erwehren. Es sieht aus, als seien wir auf einem Volksball in der Vorstadt." [1]

LINKS Ein traditioneller Salon – Gegenstück zur Moderne der Wiener Werkstätte.

Berta Zuckerkandl.

Die bekannte Journalistin lebt hier in der Oppolzergasse, schräg gegenüber vom Rathaus und nur knapp zweihundert Meter vom Parlament entfernt, in einer großen Vierzimmerwohnung, die jeden Sonntagnachmittag Treffpunkt der künstlerischen und literarischen Avantgarde ist. Der Salon Zuckerkandl wird im kulturellen Leben Wiens der zwanziger und dreißiger Jahre eine Institution. Ähnliche Gesellschaften finden auch in der nah gelegenen Wohnung ihrer Freundin Alma Mahler statt, die ihre Gäste sonntags abends in der Elisabethstraße empfängt, und zu der an manchem Wochenende der ganze Tross aus der Oppolzergasse wechselt.

Vom Fenster ihres roten Salons aus beobachtet Alma an diesem Novembernachmittag die aufgebrachte Menschenmenge, die in Richtung Parlament durch die Straßen zieht. Glücklicherweise kann sie nicht bis zum Landtagsgebäude sehen, wo sich auch Franz Werfel, Schriftsteller aus Prag und seit knapp einem Jahr ihr Geliebter, zusammen mit Milena Jesenská und Gina Kaus unter die Menge gemischt hat. Werfel ist Mitarbeiter im Kriegspressequartier und ebenso wie die Journalistinnen Jesenská und Kaus begeisterter Kaffeehausbesucher. Das Stammcafé der drei, der bekannte Literaten-Treffpunkt Herrenhof, ist an diesem Dienstag brechend voll. Es ist der Teufel los. Noch berichten die Zeitungen nicht vom Ende des Krieges, aber es liegt in

Café Herrenhof.

der Luft. Nach hitzigen Diskussionen gehen einige auf die Straße, und auch Franz, Milena und Gina wollen wissen, was dort los ist. In der Menge reißt Werfel sich den Hut vom Kopf und schreit: „Nieder mit Habsburg! Es lebe die Republik!" Immer wieder steigt er auf die Parkbänke entlang der Ringstraße und ruft den Aufständischen zu: „Stürmt die Banken! Nieder mit den Kapitalisten!"

Alma Mahler hat keinerlei revolutionäre Ambitionen; in ihren Augen tummeln sich da unten auf der Straße nur Rowdys und Randalierer. Als sie am nächsten Tag erfährt, dass Werfel und andere junge Literaten in den Kaffeehäusern die „Rote Garde" gegründet haben, ist sie außer sich.

Aber die sozialistische Revolution findet nicht statt. Eine unspektakuläre bürgerliche Republik markiert das Ende der Habsburger Herrschaft. Nach der Niederschlagung des Aufstandes geht die Wiener Gesellschaft mit den Aufrührern hart ins Gericht. Franz Werfel wird steckbrieflich gesucht. Allein Berta Zuckerkandl stellt sich auf seine Seite. Im *Neuen Wiener Journal* versucht sie ihn zu verteidigen:

> „Seit einigen Wochen spricht man von dem Revolutionär Franz Werfel mit leidenschaftlicherem Interesse, als je dem Dichter Werfel zuteil wurde. Des Fragens und des Schreibens ist kein Ende, seitdem es hieß, Werfel sei in die Rote Garde eingetreten. Ich verehre Werfel als Dichter, liebe ihn als Menschen und stehe ihm als ‚aktivistischem Denker' mit größtem Vorbehalt gegenüber. Weil sein Denken zutiefst aus dem Elementaren quillt ... Wer sich heutigentags ins Chaos stürzt, darf nicht wehleidig sein. Aber für die menschliche Qualität Werfels muß man eintreten."[2]

Alma Mahler-Werfel.

Hier gilt es, sich für einen viel versprechenden jungen Künstler einzusetzen, der Jahre später als einer der bekanntesten deutschsprachigen Schriftsteller gelten wird. Das ist ganz nach Berta Zuckerkandls Geschmack. Künstlerischen Persönlichkeiten zur Bekanntheit zu verhelfen, ist der 56-jährigen Kulturjournalistin seit jeher eine Herzensangelegenheit. Karl Kraus bezeichnet sie in seiner Zeitschrift *Die Fackel* bissig als „Hebamme der Kultur". Schon in ihrem ersten Salon, den sie bis 1916 in ihrer Villa in der Nußbaumgasse führt, verkehrt alles, was in der Welt

Nach zwei Jahren stürmischer Liebesbeziehung mit Alma Mahler malt Oskar Kokoschka sie 1914 als „Die Windsbraut".

des Theaters, der Musik und der bildenden Künste Rang und Namen hat. Besonders liegen ihr die Künstlerinnen und Künstler der Moderne am Herzen, die sie offensiv verteidigt. Für Oskar Kokoschka, den Gesellschaftsschreck, der in der Malerei revolutionäre neue Wege geht und im provinziellen Wien misstrauisch bis ablehnend beäugt wird, ergreift sie in ihren Artikeln ebenso Partei wie für Adolf Loos, über dessen Aufsehen erregende Architektur sich Wien das Maul zerreißt. Die junge Alma Schindler lernt in Zuckerkandls Haus ihren ersten Mann kennen, den Wiener Hofoperndirektor Gustav Mahler.

Die Wiener Salonkultur erlebt in den zwanziger Jahren eine zarte neue Blüte. Die Salons des 19. Jahrhunderts sind Freiräume des Denkens, der Begegnung und der weiblichen Emanzipation. Die Gäste treffen sich regelmäßig

Offenes Haus in der Josefstädter Straße. Hier besuchen viele interessante Persönlichkeiten Eugenie Schwarzwalds Salon.

und meist ohne besondere Einladung. Sie gehören verschiedenen Gesellschaftsschichten und Lebenskreisen an. Gemeinsam ist ihnen das Interesse an literarischen, politischen und philosophischen Gesprächen. Die Atmosphäre ist bestimmt von Toleranz und Vorurteilslosigkeit. Mittelpunkt dieser Geselligkeit ist die Salonière, eine in der Regel wohlhabende Dame, deren Persönlichkeit die Gäste anzieht. Sie sorgt für amüsante Gespräche, schafft geistiges Behagen und fördert die Originalität der verschiedensten Begabungen. An diese Tradition einer weiblichen Kultur knüpfen die Salons der zwanziger Jahre an. Die spektakulärsten, schon durch die illustre Gastgeberin von einer besonderen Aura umgeben, sind neben Berta Zuckerkandls Salon und dem Alma Mahlers der Salon der Tänzerin Grete Wiesenthal am Modenapark und der der Reformpädagogin Eugenie Schwarzwald in der Josefstädter Straße. Allen diesen Frauen ist das Talent gemeinsam, Gesellschaft zu inszenieren, Menschen zusammenzuführen, die gescheit, redefreudig oder besonders begabt und bemerkenswert sind. Aber auch die „weibliche" Gabe, durch ihre bloße Anwesenheit und persönliche Ausstrahlung animierend zu wirken, Gegensätze auszugleichen, neue Verbindungen zu knüpfen, passende Sitzordnungen zu arrangieren, um kalkulierbare Animositäten und Empfindlichkeiten im Voraus auszuschalten – mit einem Wort: perfekte Gastgeberin zu sein. Wenn auch einige Namen immer wieder auftauchen, so hat doch jedes dieser Häuser sein Stammpublikum und seine spezielle Atmosphäre. Eugenie Schwarzwalds Haus in der Josefstadt ist ein Treffpunkt der Wiener Intellektuellen, bei Alma Mahler herrscht vorwiegend das Auswahlprinzip der Popularität und Prominenz, Berta Zuckerkandls Salon ist, ebenso wie der Grete Wiesenthals, sehr persönlich und intim gestaltet und stark von der Gastgeberin geprägt.

Für die bedeutende Rolle in der Wiener Kulturszene ist „B.Z.", wie Berta Zuckerkandl ihre Artikel zeichnet, durch ihre Herkunft aus dem jüdischen Großbürgertum geradezu prädestiniert. Ihr linksliberaler Vater ist Zeitungsverleger, er und seine Frau lassen ihren drei Kindern eine hervorragende Ausbildung durch die besten Hauslehrer zukommen – eine Art Hochschulausbildung zu Hause. Bertas Bruder ist Chefredakteur einer der größten Wiener Tageszeitungen. Ihre Schwester Sophie, zu der sie zeitlebens innigen Kontakt hat, ist mit dem Bruder des französischen Staatsmannes Georges Clemenceau verheiratet und eröffnet der Familie damit die Möglichkeit internationaler Kontakte. Sophies Salon in Paris ist das französische Gegenstück zu Bertas in Wien. Berta heiratet den Anatomieprofessor Emil Zuckerkandl, der sich vehement für die Zulassung von Frauen zum Hochschulstudium einsetzt. Durch ihn bekommt sie Zugang zu wissenschaftlichen und medizinischen Kreisen. Schon in jungen Jahren attackiert die temperamentvolle Journalistin und Kunstkritikerin mit ihren kämpferischen Artikeln in den führenden Zeitungen Wiens das alteingesessene konservative Bürgertum und setzt sich für viel versprechende junge Talente ein, die künstlerisches Neuland betreten. So steht sie auf der Seite der fortschrittlichen Künstlerinnen und Künstler der Wiener Sezession, als diese sich kurz vor der Jahrhundertwende unter dem Motto „Der Zeit ihre Kunst, der Kunst ihre Freiheit" von dem traditionalistischen, offiziellen Wiener Künstlerhaus lossagen. Auch bei der 1903 gegründeten „Wiener Werkstätte" leistet Zuckerkandl Geburtshilfe. Diese Produktionsgemeinschaft will – ähnlich dem 1919 von Walter Gropius gegründeten Bauhaus in Weimar – die Trennung von Handwerk und Kunst aufheben und entwickelt sich im Laufe der Jahre zu einer Kunstrichtung mit internationaler

Bedeutung. Komplette Innendekorationen von Möbeln bis zu Bucheinbänden und Stoffen werden nach Entwürfen der Wiener Sezession hergestellt und verkauft. Führend in dieser Bewegung ist das Enfant terrible Gustav Klimt, für den Berta Zuckerkandl sich immer wieder besonders gern engagiert. Die Ideen der neuen Kunstrichtung verbreitet sie bis zu deren Niedergang 1932 in bester PR-Manier in zahllosen Zeitungsartikeln. Ihre Wohnung in der Oppolzergasse lässt sie von dem Star-Architekten der Wiener Werkstätte Josef Hoffmann einrichten.

Berta Zuckerkandls antikonformistische Geisteshaltung, ihr oppositioneller Instinkt, wurzeln in einem unbeirrbaren Fortschrittsglauben, der für das liberale jüdische Großbürgertum ihrer Generation kennzeichnend ist. Die Tänzerin und Schauspielerin Maria Ley, die in den dreißiger Jahren den Avantgarde-Regisseur Erwin Piscator heiratet, ist hellauf begeistert, als sie Berta kennen lernt:

> „Ein Star war sie, der sogenannte Kopf der Wiener Intelligenz. Sie war ganz anders als die Frauen, die ich bis dahin kannte. Sie besaß eine Aura von Freiheit! Etwas, was ich bei keiner anderen Frau gesehen hatte, auch nicht bei meiner Mutter. Sie war sehr selbstsicher, strahlte Wärme und Freundlichkeit aus … Sie verstand viel von Politik und hatte ein tiefes Verständnis für deren Menschlichkeit. Sie war nicht die Galionsfigur, für die man sie hielt. Sie hatte weder etwas Barockes noch präsentierte sie die Belle Époque, sie war kein Kind ihrer Zeit. Sie kam aus der Zukunft. Ich bewunderte sie sehr."[3]

Das Engagement der Journalistin gilt nicht nur den Künsten. Als eine der Ersten im bürgerlichen Lager ergreift sie Partei für die galizischen Flüchtlinge, die zu Beginn des Ersten Weltkrieges Zuflucht in Wien suchen:

> „Was man vor allem an den Vertriebenen aussetzt, ist ihr Mangel an Erziehung. Auf den Tramways, in den Geschäften, in den Kaffeehäusern, hört man jetzt klagen, daß Menschen sich herumdrängen, die gegen die Sitten unserer Stadt verstoßen. Sie feilschen stundenlang um jede Kleinigkeit, sagen die Ge-

> schäftsleute ... Sie verlangen hundertmal dieselbe Auskunft, sagt der Kondukteur und weist die Ängstlichen grob zurück. Aufdringlich sind sie, starrköpfig bettlerisch; sie jammern und schwatzen; überall stehen sie im Wege. Und überhaupt, so heißt es, Wien sei eine polnische Stadt. Also die Wiener verlangen wohlerzogene Flüchtlinge. Ich weiß nicht, ob es das überhaupt gibt. Und ob gerade der Wiener, der, wenn er auf Lustreisen, von internationalem Komfort umgeben, tief verstimmt sein Rindfleisch und seine Virginier vermißt, ein überaus netter Flüchtling wäre."[4]

Auf diplomatischem Wege setzt sie sich 1917 für einen Separatfrieden zwischen Österreich und Frankreich ein. Sie trifft deshalb in geheimer Mission ihre Schwester in Genf, und diese informiert ihren Schwager Georges Clemenceau sowie den französischen Kriegsminister über Österreichs Verhandlungsbereitschaft. Das Bündnis der Schwestern kann den Verlauf des Krieges nicht aufhalten, doch schon kurz nach Kriegsende ist Zuckerkandl in einer zweiten Mission wesentlich erfolgreicher. Wien ist 1918 als pompöse Hauptstadt eines kleinen Reststaates nahezu ruiniert. Die Stadt hat ihr wirtschaftliches Hinterland in Böhmen, Mähren und Ungarn verloren und ist damit von ihren traditionellen Nahrungsmittel- und Rohstoffquellen abgeschnitten. Zudem zieht ein Großteil der deutschsprachigen Bevölkerung aus den ehemaligen „Kronländern" nach Wien. Die Lebensbedingungen sind katastrophal. Das besiegte Österreich ist nicht in der Lage, sein Volk auch nur mit dem Notwendigsten zu versorgen, die Hungersnot verschärft sich, Bürgerkrieg droht. Hilfe von den Siegermächten ist die einzige Chance, doch eine Lebensmittelkommission droht am Veto Frankreichs zu scheitern. In dieser Situation tritt „B.Z." auf den Plan. In einem dramatischen Brief appelliert sie Ende 1918 an Clemenceau, der mittlerweile französischer Ministerpräsident ist:

> „Georges, ich weiß, daß Du im Begriff bist, Österreich zu zerstören. Ich weiß auch, daß Du ungerecht bist, weil mein Volk für die Fehler seiner Führer nicht verantwortlich ist. Wir müssen uns beugen und unserem Schicksal ergeben. Aber ich

> kann mich nicht damit abfinden, daß gerade Du der einzige sein könntest, der sich der Majestät des Schmerzes nicht beugt. Wenn Du auf Deiner Weigerung bestehst, einen Vertreter Frankreichs in die interalliierte Ernährungskommission zu benennen, die das Leben der besiegten Völker retten soll, dann bist Du persönlich für den Tod von Hunderttausenden Kindern in Österreich verantwortlich, die seit vier Jahren durch eine Blockade ausgehungert wurden."[5]

Wenige Tage später zieht Clemenceau das französische Veto zurück, die Kommission kann ihre Arbeit aufnehmen.

Die Situation Österreichs und die politische Weltlage sind natürlich auch Thema in den Salons. Bertas Jour fixe ist der Sonntagnachmittag. Die Bewirtung ist eher bescheiden, Brötchen und Tee oder Kaffee: nicht pompös, aber mit Stil. Die „Hofrätin", wie sie auch kurz genannt wird, hat auf diesem Gebiet keine Ambitionen, mit den anderen Salons zu konkurrieren. Zudem muss sie seit dem Tod ihres Mannes 1910 kürzer treten, die Wohnung teilt sie sich bis Ende der zwanziger Jahre mit Sohn, Schwiegertochter und Enkel. In ihrer großen, ganz in Schwarz-Weiß gehaltenen „Bibliothek", wie sie den Salon lieber nennt, steht ein Klavier für die musikalischen Darbietungen ihrer Gäste. Den Mittelpunkt des geselligen Lebens bildet ein dunkel gemusterter Diwan – ein Prunkstück der Wiener Werkstätte. Auf dieser Sitzlandschaft finden zehn Personen bequem Platz. Die Liste derer, die sich darauf niederlassen, ist lang. Franz Werfel, Arthur Schnitzler, Oskar Kokoschka und Egon Friedell, der Satiriker und Kulturphilosoph, sowie dessen langjährige Freundin, die Schauspielerin Lina Loos, auch der Theaterregisseur Max Reinhardt und seine spätere Frau, die Schauspielerin Helene Thimig, sie alle gehen hier ein und aus. Ebenso die Schauspielerinnen Ida Roland und Tilla Durieux oder Paul Zsolnay, in dessen gleichnamigem Verlag eine Reihe der hundertzwanzig französischen Theaterstücke erscheinen, die Berta Zuckerkandl übersetzt hat. Hugo von Hofmannsthal liest hier aus seinen Stücken, der französische Komponist Maurice Ravel, dessen Werke durch ihre Initiative in den zwanziger Jahren in Wien aufgeführt werden, ist ebenfalls häufiger Gast. Auch Heinrich Mann schaut während eines Wienaufenthaltes vorbei, ebenso die französische Bestsellerautorin Colette. Und immer mittendrin: die Gastgeberin.

Oskar Kokoschka.

> „Ihr rotes Haar glühte über bunt bestickten Stoffen und Batiks, und ihre dunkelbraunen Augen funkelten von innerem Feuer. Meist fand man sie auf ihrem Diwan sitzend, umgeben von jungen Malern, Dichtern und Musikern, die sich immer wohl bei ihr fühlten, weil eine lösende, schwingende Luft dort wehte. Etwas Freies, Unwirkliches, nie Beschwerendes umgab sie wohltuend. Man war mit ihr immer freudig, in dem Glauben an eine Zukunft, es mochte noch so düster aussehen. Diese Heiterkeit, von der man in Wien so viel spricht und die mich manchmal wehmütig stimmte, fand man wirklich bei ihr."[6]

So schwärmt Helene von Nostitz, die im Berlin der zwanziger Jahre den literarischen Salon neu belebt. Auch wenn andere Zeitzeuginnen Bertas Augenfarbe mit blau angeben – die Atmosphäre im Salon Zuckerkandl empfinden doch alle ähnlich.

Die Kunstszene trifft sich bei ihr, aber auch Politiker finden sich zum lebhaften Gespräch ein. Der christlichsoziale Bundeskanzler Ignaz Seipel und der sozialdemokratische Stadtrat Julius Tandler – in der Politik erbitterte Gegner – geben sich hier fast freundschaftlich die Hand. Im Interesse eines unabhängigen Österreichs will die politisch engagierte Gastgeberin persönliche Beziehungen zwischen Christlichsozialen und Sozialdemokraten anbahnen.

Nur so kann ihrer Meinung nach die Gefahr des Anschlusses Österreichs an Deutschland abgewehrt werden. Dieser Anschluss ist von den Alliierten im Friedensvertrag von St. Germain 1919 zwar verboten worden, um das besiegte Deutschland nicht zu stärken, aber die Stimmung in der Republik ist anders: Inmitten von „Nachfolgestaaten" des zerfallenen Kaiserreiches, die sich „aus nahen, wenn auch lieblosen Verwandten in fremde, unfreundliche Nachbarn verwandelt haben", sucht Österreich nach einem anderen Schutz bietenden Zusammenschluss. Die Sozialisten ersehnen in ihrem Glauben an internationale Strukturen den Anschluss. Auch einige großdeutsch gesinnte Liberale sowie alle Ultrarechten hoffen auf eine Fusion mit dem Zweiten Deutschen Reich. Die Christlichsozialen und die noch verbliebenen Monarchisten dagegen fühlen sich weiterhin den Traditionen des Kaiserreiches verpflichtet.

Berta Zuckerkandl träumt von einer Donauföderation. Trotz gelegentlichen Liebäugelns mit sozialistischen Ideen bleibt Berta Zuckerkandl immer altösterreichisch-liberal, wobei ihr als Kosmopolitin jeder Nationalismus fremd ist. Das heißt in diesem Fall: kein Anschluss an Deutschland! In deutschnationalen Kreisen wird ihr Salon damit zur „Brutstätte jüdisch-bolschewistischer Verschwörung". Sie ist Bewunderin der sozialdemokratischen Kommunalpolitik, die das „Rote Wien" in die Geschichte eingehen lässt. Nach ihrer Flucht vor dem Nationalsozialismus schreibt sie 1939 rückblickend über die Wiener Sozialdemokraten: „Was sie für das Volk, was sie für dessen soziale Rechte gewirkt und geschaffen haben, ist für ganz Europa vorbildlich geblieben. Besonders der Minister für Hygiene und Volkswohl Professor Julius Tandler hat in genialer Weise die Wohnungspolitik, die Schulhygiene, die Säuglingspflege auf ein bis dahin nicht gekanntes Niveau gehoben."[7]

Politische Interviews, Theaterkritiken, expressionistische österreichische Literatur und moderne französische Autorinnen und Autoren sind die Schwerpunkte der Publizistin in den zwanziger und dreißiger Jahren. Ihre Artikel verfasst sie größtenteils in den frühen Morgenstunden. Ihr Lieblingsraum ist das

Schlafzimmer, zugleich auch ihr Arbeitsraum. Sie liebt es, im Bett zu schreiben oder dort sogar Gäste zu empfangen. „Rechts und links neben dem diwanartigen Bett sind niedrige Bücherregale angebracht. Ich schreibe stets im Bett liegend, deshalb wollte ich die nötigen Nachschlagewerke immer zur Hand haben."[8] Hier führt sie auch ihre ausgedehnten Telefonate mit denjenigen aus ihrem großen Bekanntenkreis, die in dieser Zeit ebenfalls schon über einen Fernsprecher verfügen.

Anfang der zwanziger Jahre wechselt die Journalistin von der *Wiener Allgemeinen Zeitung* zum *Neuen Wiener Journal,* was sich vorteilhaft auf ihre Karriere auswirkt. Zuvor hat sie hauptsächlich fürs Kulturressort geschrieben, nun wird sie innerhalb kurzer Zeit zur bedeutendsten außenpolitischen Kommentatorin Österreichs. Im Frühjahr 1924 beginnt sie ihre große Serie von Exklusivinterviews mit westeuropäischen Spitzenpolitikern – wie dem britischen Premierminister MacDonald, Englands Finanzminister Snowden oder dem französischen Premier Painlevé –, die auf der Titelseite des *Neuen Wiener Journals* erscheinen. Ihre hervorragenden persönlichen Beziehungen öffnen ihr dabei so manche Tür. Diese nutzt sie auch, als es im Juli 1927 nach dem Brand des Wiener Justizpalastes zu den bisher schwersten Unruhen in der Geschichte der Ersten Republik kommt. Die Polizei schießt wahllos in die Menge der empörten Arbeiter, die ihrer Wut über den Freispruch rechtsgerichteter Mörder Luft machen. Neunzig Menschen sterben, mehrere hundert werden verletzt. Bundeskanzler Seipel verteidigt das blutige Vorgehen gegen die Kritik der Sozialdemokraten. Auf diese Ereignisse und die darauf folgende Verschärfung des innenpolitischen Klimas reagiert die sozialistische und liberale Presse Westeuropas äußerst kritisch. Auch Paul Painlevé, der gemäßigte Linkspolitiker, nimmt Abstand von seinem geplanten Besuch beim österreichischen Bundeskanzler. Berta Zuckerkandl, mit beiden Regierungschefs persönlich bekannt, übernimmt – ungefragt – die Rolle der Vermittlerin. Im September 1928 trifft der französische Ehrengast in Wien ein und absolviert ein Besuchsprogramm, an dem auch „B.Z." kräftig mitgewirkt hat. Bei der Abendgesellschaft, die sie ihm zu Ehren gibt, bedankt sich Painlevé: „Trotz allem was geschehen ist, weicht der seltsame Zauber nicht, der dieser

Terrasse des Café Landtmann. Im vierten Stock über dem Kaffeehaus empfängt Berta Zuckerkandl sonntags ihre Gäste.

Stadt märchenhafte Anmut verleiht. Hier sind die Menschen anders als sonst überall ... nirgends wie hier ist diese geistige Natürlichkeit zu finden, dieses gelassene Lächeln eines von uralter Kultur getränkten Volkes."[9]

Aus Berta Zuckerkandls Briefen und Manuskripten geht allmählich ein Unbehagen und die Furcht vor der Zukunft hervor, ihr lebhafter, optimistischer Grundton weicht düsteren Ahnungen, die ihr den Ruf der „Wiener Kassandra" einbringen. Und ihr Pessimismus ist berechtigt: Die Weltwirtschaftskrise – unmittelbar ausgelöst durch den „Schwarzen Freitag" an der New Yorker Börse am 29. Oktober 1929 – trifft das kleine Österreich hart. Die Arbeitslosigkeit nimmt katastrophale Ausmaße an. Reiche werden arm, Spekulanten reich. Der Großteil der (noch) wohlhabenden Wiener Bevölkerung jedoch feiert weiterhin ausgelassene Partys. „Die Inflation hat eingesetzt, Millionäre schießen aus dem Boden und Banken brechen zusammen, niemand hat mehr Vermögen, viele haben keine Arbeit, trotzdem tanzt man in Wien, man tanzt des Nachts umso wilder, je weniger man sicher sein kann, am nächsten Morgen noch sein Mittagsmahl bezahlen zu können"[10], beschreibt die Schriftstellerin Hilde Spiel die Situation. Und ihr Kollege Stefan Zweig liefert als Erklärung für die überfüllten Vergnügungslokale, Bars und Theater: „Eben durch das Unerwartete, daß das einstmals Stabilste, das Geld, täglich an Wert verlor, schätzten die Menschen die wirklichen Werte des Lebens – Arbeit, Liebe, Freundschaft, Kunst und Natur – um so höher, und das ganze Volk lebte inmitten der Katastrophe intensiver und gespannter als je."[11]

Den Zusammenbruch der Banken erlebt Berta Zuckerkandl 1931 direkt vor ihrer Haustür, wo sich die Festung der Hochfinanz erstreckt.

> „... von meinem Vis-à-vis, der Bodencreditbank, war den ganzen Tag ein bienenhaftes Summen zu hören, besonders im Frühjahr, wenn bei offenem Fenster gearbeitet wurde, störte das Klappern von Hunderten von Schreibmaschinen. ... Eines Tages, nach meiner Rückkehr aus Salzburg, störte mich eine drückende Stille, wie man sie empfindet, wenn ein gewohntes Geräusch plötzlich nicht mehr vorhanden ist. Erstaunt suchte ich nach der Ursache dieses Phänomens, und ich bemerkte, daß die fieberhaft klappernden Schreibmaschinen der Bodencreditbank nicht nur schwiegen, sie waren überhaupt nicht mehr da. Auch das Hin und Her der Beamten, das Klingeln der Telefone, die mit Post beladenen Diener waren wie von einem Zauberstab berührt verschwunden. Kein Zweifel, die Bodencreditbank war gestorben."[12]

1933 löst sich das österreichische Parlament nach einer politischen Krise selbst auf, Bundeskanzler Dollfuß – seit knapp einem Jahr im Amt – nutzt diese Gelegenheit zur Übernahme diktatorischer Vollmachten. Der „Millimetternich", wie er wegen seiner Körpergröße spöttisch genannt wird, regiert mit

Sondergesetzen. Berta schreibt an ihre Schwester, „daß der Faschismus Österreich ins Schlepptau nimmt". „Die Ratten betreten das sinkende Schiff", lästert Karl Kraus, als nach Hitlers Machtübernahme ein Strom deutscher Flüchtlinge Zuflucht in Österreich sucht. Im Februar 1934 setzen sich die Sozialdemokraten mit einem bewaffneten Aufstand gegen das austrofaschistische Regime zur Wehr. Es kommt zum Bürgerkrieg. Die Kämpfe dauern drei Tage, nach denen die Sozialdemokratie vernichtet ist.

In den Salons zeichnen sich in dieser Zeit unterschiedliche politische Richtungen ab. Während sich Grete Wiesenthals Haus, insbesondere in späteren Jahren, zu einem Refugium für politisch Gefährdete entwickelt und bei Eugenie Schwarzwald der junge Graf von Moltke Stammgast ist, der als Mitglied der Widerstandsgruppe Kreisauer Kreis 1945 hingerichtet wird, scheut sich Alma Mahler – jetzt verheiratete Werfel – nicht, ihre Tür den Regierungsmitgliedern und den fragwürdigen Kulturpolitikern der „Vaterländischen Front" zu öffnen. Dass deren Gesinnungsgenossen in Deutschland auch die Bücher ihres Mannes Franz Werfel verbrennen, dass dort die Musik ihres ersten Mannes Gustav Mahler verboten wird und das von ihrem zweiten Mann Walter Gropius gegründete Bauhaus als „Quelle entarteter Kunst" und „Brutstätte bolschewistischer Kultur" gilt – all dieses scheint Alma Mahler-Werfel nicht einmal zu irritieren. Doch auch Werfel hat sich unter ihrem Einfluss mittlerweile vom Revolutionär zum klerikalen Romantiker gewandelt. Politische Fragen gehören nicht mehr zu den heiß diskutierten Themen im Hause Mahler-Werfel – ganz im Gegensatz zu der Zeit, als sie sich kennen gelernt haben. Nach ihrem ersten Zusammentreffen mit dem elf Jahre jüngeren Dichter aus Prag hatte Alma 1917 in ihr Tagebuch geschrieben: „Werfel trat zuerst sehr vehement für die Sozialdemokratie ein, aber im Laufe des Abends wurde er besser, freier, lockerer. Und da ich seine Gedichte liebe, von denen ich eines auch vor zwei Jahren vertont habe, fühlte er sich gleich sehr zu Hause." Die Schriftstellerin Gina Kaus, die Werfel schon länger kennt und ihm zeitweilig ihre Dachwohnung in der Strudlhofgasse überlässt, schreibt in ihren Erinnerungen *Von Wien nach Hollywood:* „Damals, ehe er Alma Mahler begegnete, war er vom Katholizismus weit entfernt; er war kein Zionist, aber jüdische Dinge lagen ihm am Herzen und auf der Zunge, er war ein Kommunist ohne Parteizugehörigkeit, er haßte alles Bourgeoise, er verabscheute den Krieg."[13]

Franz Werfel, Alma Mahler-Werfel und Manon Gropius in Venedig.

Aber Alma – geborene Schindler, verwitwete Mahler, geschiedene Gropius, verheiratete Werfel –, die Tochter aus gutem Wiener Künstlerhaushalt, die bereits mit zwanzig Goethe, Nietzsche und Platon gelesen hat, hätte am liebsten den Kaiser zurück und meint, man könne sich am besten schützen, wenn man sich aus der Politik raushält. Doch antisemitische Anwandlungen sind ihr keineswegs fremd – nicht einmal nach zwei jüdischen Ehemännern. Es ist erstaunlich, dass Berta Zuckerkandls Freundschaft zu ihr trotz dieser gegensätzlichen Standpunkte nie ernsthaft gelitten hat. In der Emigration, die die Journalistin zunächst in Paris und ab 1940 in Algier verbringt, schreibt sie: „Ich bin nicht nur eine Generation älter als Alma, wir sind auch grundverschieden geartet. Die Gegensätze unserer Naturen hätten eigentlich trennend wirken müssen, aber sie wurden zum unlöslichen Band einer Freundschaft, die auf Freiheit beruht, auf Freiheit von Vorurteilen, von gesellschaftlichen Vorschriften und heuchlerischem Scheinleben."[14]

In der Tat, um gesellschaftliche Konventionen schert sich Alma herzlich wenig. Als sie Franz Werfel 1917 kennen lernt, wird die 38-Jährige immer noch eher als Witwe Gustav Mahlers gesehen, obwohl dieser bereits seit sechs Jahren tot und sie auf dem Papier schon seit zwei Jahren Frau Gropius ist. Aber die Beziehung mit dem Berliner Architekten ist schon im Zustand einer „müden Dämmerehe", und so verbringt Alma mit Werfel „glorreiche Nächte" und bekennt sich zu diesem lebensfrohen „Franzl" vor der Wiener Gesellschaft, die ohnehin schon einiges von ihr gewohnt ist: vor ihrer ersten Ehe eine Liaison mit Gustav Klimt, nach dem Tod Mahlers einige Affären, dann eine leidenschaftliche Beziehung zu Oskar Kokoschka, die Alma 1912 mit dem sieben Jahre jüngeren Maler beginnt, bevor sie 1915 Gropius heiratet. Dazu zwei Töchter – Anna aus der Ehe mit Mahler und Manon Gropius – sowie diverse Abtreibungen.

Alma ist eine *grande amoureuse,* die sich als Motor der sie verehrenden Künstler empfindet. Ihre eigene Kunst, das Komponieren, ist schon in der Zeit mit Gustav Mahler auf der Strecke geblieben. Seitdem gilt ihre Leidenschaft der Entdeckung und Förderung von (männlichen!) Genies, und sie beweist dabei enormen Kunstverstand und -instinkt sowie einen bedingungslosen Glauben an den Aufgespürten.

> „Dieser Glaube war vielleicht der einzige, den sie wirklich ernst nahm ... Wenn sie von jemandes Talent überzeugt war, ließ sie für dessen Inhaber – mit einer oft an Brutalität grenzenden Energie – gar keinen andern Weg mehr offen als den der Erfüllung. Dazu war er dann sich und ihr und der Welt gegenüber verpflichtet, und sie empfand es als persönlichen Affront, wenn eine von ihr erkannte oder gar geförderte Begabung nicht allgemein anerkannt wurde ... Erfolg betörte sie, aber Erfolglosigkeit beirrte sie nicht. Ihre Einsatzfreude, ihre Hingabe, ihre Aufopferungsfähigkeit kannte keine Grenzen und mußte schon deshalb faszinierend und aneifernd wirken, weil sie nichts von kritikloser Vergötterung an sich hatte, weil ihre Urteilskraft sich durch nichts vernebeln ließ."[15]

Und diese selbstbewusste Frau mit der magnetischen Anziehungskraft sieht das alles durchaus eigennützig: „Jedes Genie ist mir gerade der rechte Strohhalm ... als Beute für mein Nest."

Wer von ihr als Genie erkannt ist, darf sich sonntags abends in ihrem Salon einfinden, entweder in ihrem weitläufigen Landhaus in Breitenstein auf dem Semmering, in tausend Metern Höhe, zwei Fahrstunden von Wien entfernt, oder in ihrer Stadtwohnung, die auch sie ganz im Stil der Sezession eingerichtet hat. Selbst in den kargen Nachkriegsjahren, als die Lebensmittel rationiert werden und es kaum Butter, geschweige denn Fleisch gibt, bleibt Almas Haus gastfreundlich. Im roten Musiksalon, der gut zwanzig Gästen Platz bietet, empfängt sie in ihrem langen Goldlamékleid vorwiegend die Musik- und Literaturszene. Mahlers Witwe und Nachlassverwalterin ist im Musikleben der Stadt ein nicht zu unterschätzender Machtfaktor. Die Schönbergs kommen, Olga und Arthur Schnitzler, Alban Berg, der Alma seine Oper *Wozzeck* widmet, die ihm den internationalen Durchbruch bringt, und seine Frau Helene, die in Alma verliebt ist. Alma erwidert diese Gefühle zwar nicht, aber die Bergs werden ihre besten und wichtigsten Freunde.

Nach dem Krieg lebt Alma Mahler in Wien mit Werfel zusammen, sie möbelt den nachlässigen, gemütlichen „Pampuschen-Poeten", wie Olga Schnitzler ihn nennt, ordentlich auf, schickt ihn zum besten Schneider Wiens und lässt seine widerborstige Mähne ondulieren. Er darf ihr immer erst unter die Augen treten, wenn er etwas zu Papier gebracht hat. Kaffeehausbesuche – noch immer Werfels Leidenschaft – werden gestrichen. Die Disziplinierungsmaßnahmen fruchten, der Mann produziert mit beachtlichem Erfolg. Diese Fähigkeit Almas hat er schon früh erkannt: „Almitschka, lebe für mich! Ich sehe meine Zukunft nur in Dir! Ich möchte Dich heiraten! Und nicht nur aus Liebe! Sondern aus der tiefen Erkenntnis, daß, wenn es einen Menschen auf

Das „Haus Mahler" in Breitenstein auf dem Semmering.

Erden gibt, der mir Erfüllung bringen und mich zum Künstler machen kann, Du allein dieser Mensch bist", schreibt Werfel ihr 1919 in einem Brief. Und kurz darauf drückt er es so aus:

Noch umstellen mich rings
Die Teufel der Buntheit
Süß verführt mich
Von allen Seiten
Wind der Kulissen-Wüste.

Nicht kann ich in Jahren der Wende
Wissen die Schlucht des Schlusses
Die mich vielleicht schon verschlang.

Du bist mir das große Stromrauschen
An dessen Ufer ich
Der Stimme kundig ward.

Du bist mir der warme Brotduft der Flächen
Der mich zum Blumenwisser erzieht.
Du bist das heilig gelbe Licht
Das weltfruchtbare gelbe Licht,
durch das ich wachsen muß,
um weißes Licht zu werden.

Aus allen Grüften der Zerfahrenheit
Versammelst Du mich neu in deinem Schoß.
O gelbes Licht! Gebärerin,
Sei mehr als Mutter mir!!
Sei Wöchnerin meiner
Wiedergeburt!

In späteren Jahren sagt Werfel mal zu einem Freund: „Wenn ich der Alma nicht begegnet wär', hätt' ich noch ein paar gute Gedichte geschrieben und wär' selig verkommen ..."

Im Juli 1929 heiraten die beiden. Almas Bedingung, seinen Austritt aus der jüdischen Gemeinde, erfüllt Werfel nach langem Zögern. Die väterlichen Verpflichtungen gegenüber Anna und Manon hat er von Anfang an gern erfüllt. Bei der inzwischen erwachsenen Anna holt er sich nun Trost und Rat, wenn Alma, die Unberechenbare, ihm mal wieder zugesetzt hat. Am Vorabend ihrer Hochzeit schreibt Alma in ihr Tagebuch: „Mir geht es körperlich nicht gut. Ein Versagen auf der ganzen Linie. Die Augen wollen nicht mehr. Die Hände verlangsamen ihre Gangart übers Klavier. Ich vertrage kein Essen – kein Stehen – kein Gehen. Höchstens noch Trinken ... Ich werde in einigen Wochen fünfzig Jahre alt – und Franz Werfel ist jung. Ich muß schritthalten,

Ehepaar Alma Mahler-Werfel und Franz Werfel.

muß Jugend heucheln." Nach der Hochzeit kauft Alma ein 28-Zimmer-Haus auf der Hohen Warte im Nobelbezirk Döbling, ganz in der Nähe ihres Elternhauses. Franz bekommt im obersten Stock ein Arbeitsatelier mit Blick zum Kahlenberg, Alma hat unten ihr Musikzimmer. Und für Tochter Manon und die Hausangestellten ist auch noch Platz. Die Wiener Prominenz kommt natürlich zur Einweihung. Wer auf sich hält, muss sich hier sehen lassen. Werfel gilt inzwischen als der bekannteste Schriftsteller Österreichs. Dazu hat insbesondere sein historischer Roman *Die vierzig Tage des Musa Dagh* über die Ermordung und Deportation des armenischen Volkes beigetragen, dessen Grundstruktur er zusammen mit Alma entworfen hat. Klaus Mann, der Deutschland Anfang 1933 verlassen hat und immer mal wieder einige Tage in Wien verbringt, wo er sich dann ebenfalls auf der Hohen Warte einfindet, schreibt über diese Zeit:

> „Regierung, Kirche, Diplomatie, Literatur, Musik, Theater – es war alles da. Die Hausfrau, hochgewachsen, sorgfältig geschmückt, von immer noch schöner Miene und Gestalt, bewegte sich triumphierend vom Päpstlichen Nuntius zu Richard Strauss oder Arnold Schönberg, vom Minister zum Heldentenor, vom stilvoll vertrottelten alten Aristokraten zum vielversprechenden jungen Dichter. In einer Ecke des Boudoirs wurde im Flüsterton über die Besetzung eines hohen Regierungspostens verhandelt, während man sich in einer anderen Gruppe über die Besetzung einer neuen Komödie am Burgtheater schlüssig ward."[16]

Auch Karola und Ernst Bloch leben in den Jahren 1934/35 in Wien, bevor sie nach Frankreich emigrieren. Karola Bloch, Architektin und politisch aktiv für die KPD – „Du machst zu meiner Philosophie die Praxis", wie es ihr Mann einmal ausdrückt – lernt bei dem Bildhauer Fritz Wotruba Anna Mahler kennen. Zu großen Gesellschaften – nicht selten bis zu zweihundert Leute – sind Blochs gelegentlich auf der Hohen Warte eingeladen.

> „Frau Alma, noch immer gutaussehend, verbarg ihre Korpulenz unter langen Roben, ging dekorativ von einem Gast zum anderen und sagte jedem ein paar passende Worte. Anna Mahler half bei der Bewirtung, bot auf großen Tabletts köstliche belegte Brote an. Unter den Möbeln im großen Salon sah man auch einen Stahlsessel. Anna sagte schmunzelnd zu uns: ‚In diesem Haus hat alles seine Spuren hinterlassen.'"[17]

In der Tat: Gustav Mahlers Partituren liegen in Glasvitrinen aus, eine Mahler-Büste von Rodin ist im Empfangsraum geschickt platziert, Bilder Kokoschkas zieren die Wände, und besagter Stahlsessel – ein Relikt aus Almas Zeit mit Gropius.

Der Schriftsteller Elias Canetti ist neugierig auf die Frau des Hauses, „weil überall in Wien auf die penetranteste Weise von der Alma Mahler die Rede" ist. Er lässt sich Anfang der dreißiger Jahre regelmäßig auf der Hohen Warte blicken, weil er sich in Tochter Anna verliebt hat, ist von der Mutter jedoch gar nicht angetan. „Eine ziemlich große, allseits überquellende Frau, mit einem süßlichen Lächeln ausgestattet und hellen, weit offenen, glasigen Augen. Ihre ersten Worte klangen so, als hätte sie schon lange auf diese Begegnung gewartet, denn was hatte sie nicht schon alles von einem gehört … Sie ließ sich nieder, mit einem vertraulichen Blick wurde einem bedeutet, daß man sich nah neben sie setzen sollte."[18] Alma ist seit früher Jugend auf einem Ohr fast taub, was sie aber immer zu kaschieren sucht, ihre einst hoch gepriesene Schönheit ist vielleicht auch verblasst, und bei Mahler-Werfels wird gern und viel gegessen, zu-

Alma mit Tochter Anna, ca. 1930.

dem trinkt Alma oft schon morgens ihren Kräuterlikör – und außerdem kann Canetti bei Anna nicht so richtig landen ...

> Klaus Mann schreibt über die Jahre 1933/34: „Ein Stich ins Makabre war charakteristisch für das Wien dieser Epoche. Es ging gemütlich zu, die Kultur florierte, in den Cafés und Salons herrschte munterstes Treiben; aber hinter der gefälligen Fassade bereitete sich die Katastrophe vor. Die Wiener Freunde, die uns heute noch in ihrem gepflegten Heim empfingen, konnten morgen, wie wir, Flüchtlinge und Unbehauste sein."[19]

Eines Abends sind auf der Hohen Warte die amerikanische Journalistin Dorothy Thompson und ihr Mann, der Literatur-Nobelpreisträger Sinclair Lewis, zu Gast. Beide sind gerade aus Deutschland ausgewiesen worden. Die politische Kommentatorin hat bereits in den zwanziger Jahren als Auslandskorrespondentin in Wien und Berlin gearbeitet und schon 1931 für das *Cosmopolitan Magazine* ein Interview mit Hitler geführt. Für ihre beißend ironische Analyse des „Führers", mit der sie stets ihre Artikel spickt, rächen sich die Nazis 1934 mit der Ausweisung. Als die „First Lady of American Journalism", wie Dorothy später in den Vereinigten Staaten genannt wird, an diesem Abend von ihren Erlebnissen im Nachbarland erzählt, beschwichtigen Franz und Alma: Hitler sei doch eigentlich nur ein „schwaches Männchen" und manches von dem, was er tue, sei doch gar nicht so schlecht ... Im Gegensatz zu vielen ihrer FreundInnen und Bekannten, die über die möglichen Auswirkungen des Nationalsozialismus entsetzt sind und ihre Ausreise planen, sieht Alma hierfür keinen Anlass. Außerdem muss sie gerade einen persönlichen Schicksalsschlag verschmerzen. Ihre Tochter Manon erkrankt 1934 an Kinderlähmung und stirbt ein Jahr später. Alban Berg, der Freund der Familie, widmet ihr sein Violinkonzert *Dem Andenken eines Engels.*

Auch wenn Alma Mahler-Werfel in ihrem Haus am liebsten nur die schönen Künste pflegen will, holt die politische Realität sie doch ein. Der wachsende Antisemitismus in den deutschsprachigen Ländern bewirkt, dass der jüdische Autor Werfel kaum noch zu Lesereisen eingeladen wird. Schließlich werden seine Lesungen in Deutschland verboten. 1938 reisen Alma und Franz gerade durch Italien, als sie die Nachricht erreicht: Kanzler Schuschnigg bei Hitler in Berchtesgaden. Der Anschluss Österreichs an Deutschland steht unmittelbar bevor. Werfel kann nicht mehr nach Wien zurück. Alma fährt allein, hebt alles verfügbare Geld von der Bank ab, näht es in einen Gürtel und verlässt mit Tochter Anna das Land.

Im französischen Exil treffen Alma und Franz auch ihre alte Freundin Berta Zuckerkandl. Viele ihrer Freundinnen und Freunde haben flüchten müssen und treffen sich in Paris, wo die Journalistin ihr geselliges Leben zunächst wieder aufgenommen hat. Hier verfasst sie ihre Memoiren *Ich erlebte fünfzig Jahre Weltgeschichte,* die 1939 in Stockholm erscheinen. Als deutsche Truppen in Frankreich eindringen, schlägt sich die über 70-jährige Zuckerkandl teils zu Fuß nach Südfrankreich durch, von dort folgt sie ihrem Sohn nach Algier. Im Oktober 1945 stirbt sie und wird auf dem Pariser Friedhof Père Lachaise beerdigt.

Alma und Franz gehören zu den Privilegierten, die auf Initiative Eleanor Roosevelts ein amerikanisches Einreisevisum erhalten. Die Ehefrau des amerikanischen Präsidenten sorgt dafür, dass einer Hand voll Flüchtlingen mit bekannten Namen so genannte Emergency-Visa ausgestellt werden. Mahler-Werfels lassen sich in Beverly Hills nieder und führen auch dort wieder ein großes Haus, in dem viele Emigrantinnen und Emigranten verkehren. Nach Werfels Tod 1945 lebt Alma in New York. 1960, vier Jahre vor ihrem Tod, erscheint ihre Autobiografie *Mein Leben,* in der sie sich als die meistbewunderte Frau des Jahrhunderts schildert.

FRAU DOKTOR UND IHRE SCHWARZWÄLDERINNEN

Eugenie Schwarzwald ist im März 1938 in Dänemark auf Vortragsreise und will sich dort außerdem einer Krebsoperation unterziehen. Sie ahnt nicht, dass sie nie wieder nach Wien zurückkehren wird. Kurz vor ihrer Emigration zwei Monate später schreibt sie an einen Freund: „Mein Haus in Wien ist weg, das in Grundlsee muß schleunigst verkauft werden. Gerettet wird nichts, aber das macht mich nicht so traurig, als der Verlust meines Lebenswerkes und die gegenwärtige Trennung." Ihr Lebenswerk, das sind die Schwarzwaldschulen und diverse soziale Einrichtungen und Aktionen sowie ihre Pionierarbeit auf dem Gebiet der Mädchenbildung.

Der feinen Wiener Gesellschaft macht sich Dr. Eugenie Schwarzwald zur Zeit der Jahrhundertwende bekannt: Als erste Schuldirektorin der Stadt übernimmt sie das Mädchenlyzeum am Franziskanerplatz – und sorgt mit ihren unkonventionellen Lehrmethoden für einigen Wirbel.

Eine Volks- und Mittelschule mit Mädchen und Jungen in einer Klasse, Weiterbildungskurse für Mädchen, die ein Lyzeum besucht haben, schließlich sogar Abiturklassen für Mädchen – das sind die Grundzuge von Eugenies Frauenförderung, denen sie sich schwerpunktmäßig bis 1911 widmet. Das Kernstück ihrer Pädagogik heißt schöpferische Erziehung. Dazu gehören ein angstfreies Lernen, Lehrerinnen als Verbündete, Freizeit mit Freundinnen, Freude am Schmökern, Besuche im Burgtheater und in der Oper, Spaziergänge im Wald und dann und wann eine Party – aber ohne sich die Nächte um die Ohren zu schlagen!

Nach dem Motto ‚weniger ist mehr' rät Fraudoktor – wie sie in Wien heißt – ihren Schülerinnen zu praktischer Kleidung, befreit sie von Fischbeinstäben, Hüfthalter und der Idee, viel Geld mache glücklich.

Das Bildungsangebot richtet sich vornehmlich an Töchter aus gutbürgerlichen Familien, und innerhalb weniger Jahre avanciert die Schwarzwaldschule zur ersten Adresse in Sachen ‚Chancengleichheit für Mädchen'.

Eugenie Schwarzwald.

Aber nicht nur als energische Schulleiterin einer Wiener Nobelschule macht Eugenie Schwarzwald von sich reden. Im Hof eines alten Bürgerhauses in der Josefstadt, hinter eintönigen Fassaden hoher Wohnblocks, bewohnt Genia, wie sie sich selbst nennt, ein kleines, palaisartiges Gartenhaus. Hier führt sie einen unorthodoxen Salon, in dem viele Wiener Berühmtheiten über Jahre aus- und eingehen. Der eigentliche Salon, in dem sie Besucherinnen und Besucher empfängt, ist ein eher kleines Zimmer, aber im Regelfall verteilen sich die Gäste zwanglos im ganzen Haus. JournalistInnen, KünstlerInnen, auch Schülerinnen und Ehemalige der Schwarzwaldschule begegnen sich in der Josefstädter Straße. Sie alle genießen die liberale Atmosphäre, die Menschen unterschiedlichster politischer Auffassungen und verschiedenster Nationalitäten hier zusammenführt. Die Tänzerin Elsie Altmann-Loos und ihr Mann Adolf Loos verbringen die Abende oft bei den Schwarzwalds, wo sie die interessantesten Leute treffen, „Graf Richard Coudenhove-Calergi mit seiner Frau, der Schauspielerin Ida Roland, Rainer Maria Rilke, Carl Zuckmayer, Egon Friedell, Jakob Wassermann, Grete Wiesenthal, Karin Michaelis, Alma Mahler und so viele andere, deren Namen ich vergessen habe, versammelten sich bei den gastfreundlichen Schwarzwalds."[20] Elsie ist eine ehemalige Schülerin der Schwarzwaldschule, Adolf Loos, der berühmt-berüchtigte Wiener Architekt, hat als guter Freund der Schwarzwalds sowohl Schulaula und Direktionszimmer als auch das Speisezimmer in der Josefstädter Wohnung eingerichtet.

Aus Schülerinnen werden Freundinnen, aus Freunden Geschäftspartner; geschickt verbindet Genia Schwarzwald schulische und gesellschaftliche Aktivitäten mit persönlichen Ambitionen. Ihr Gespür für Menschen und Talente führt auch zur Anstellung des umstrittenen Oskar Kokoschka als Zeichenlehrer. Allerdings nur so lange, bis die Schulbehörde interveniert, denn: „Genies sind im Lehrplan nicht vorgesehen."

Genia hat ein großes Herz, auch in den harten Kriegs- und Nachkriegsjahren. Bei den Schwarzwalds gibt es immer etwas zu essen und stets anregende Gespräche. „Ich habe niemals mehr in meinem ganzen Leben so gastfreundliche Menschen, wie es die Schwarzwalds waren, getroffen", findet

Elsie Altmann-Loos. „Ihre Freigebigkeit kannte keine Grenzen. Niemand verließ hungrig ihr Haus, und wer kein Dach über dem Kopf hatte, konnte bei ihnen auf einem Sofa schlafen, ohne Angst zu haben, lästig zu fallen."[21] Auch an den Weihnachtstagen treffen sich alle noch spätabends im Hause Schwarzwald, „da alle Gäste erst nach dem Festessen kamen, das man ja mit der Familie einnimmt. Aber nach und nach kamen alle an und versammelten sich im Speisezimmer. Genia saß im ‚Nischerl', und dann brachten die Mädchen einen großen Wäschekorb herein, voll mit großen und kleinen Paketen, das waren die Geschenke, und Genia begann sie zu verteilen. Jeder bekam etwas und jeder war glücklich, die Geschenke waren oft kostbar, manchesmal nützlich, aber immer das richtige."[22] Wer Alkohol trinken möchte, muss ihn selbst mitbringen, Schwarzwalds sind Antialkoholiker – Genia ist sogar im Verein abstinenter Frauen. So hat ihre Freundin Karin Michaelis stets einen Apothekerkasten mit einer Reihe kleiner Fläschchen mit Schnäpsen und Likören dabei, aus dem sich auch andere Gäste bedienen. Die dänische Schriftstellerin Michaelis ist Reisende in Sachen Frauenrechte, eine Globetrotterin, die überall in Europa Freundinnen hat. Zwischen 1910 und 1938 lebt sie immer wieder für einige Wochen im Haus ihrer Freundin Genia.

Zeit ihres Lebens pflegt Genia intensive Frauenfreundschaften: In ihrem Salon treffen sich stadtbekannte Künstlerinnen, in ihrem Gartenpalais logieren Schriftstellerinnen aus ganz Europa, ehemalige Schülerinnen besuchen sie, und all diese modernen, selbständigen Frauen genießen das lebendige Flair in dem offenen Haus. Die Journalistin Dorothy Thompson ist eine Herzensfreundin von Genia. 1921 kommt sie als amerikanische Auslandskorrespondentin nach Wien und lernt dort die Schulleiterin kennen. Genia mietet für sie ein Haus auf dem Semmering, wo die Freundin ein paar ruhige Monate verbringen will. Silvester 1932 lädt Dorothy einige Freundinnen und Freunde ein, unter ihnen auch die Schriftstellerin Christa Winsloe, deren Romanverfilmung *Mädchen in Uniform* gerade großen Erfolg hat. Dorothy und Christa verlieben sich leidenschaftlich ineinander und verbringen das folgende Jahr zusammen in Italien. Dorothy ist noch aus amerikanischen Suffragettentagen mit Dorothy Tiffany Burlingham befreundet, der Lebensgefährtin Anna Freuds.

Eine besondere Beziehung verbindet Genia mit der fünf Jahre jüngeren Esther Odermatt, einer Studienfreundin aus ihrer Zürcher Zeit. Esther unterrichtet kurzzeitig an Genias Schule, geht dann aber zurück nach Zürich und wird Gymnasiallehrerin. Sie kämpft für Chancengleichheit und freie Berufswahl von Mädchen. Ihre literarischen Ambitionen lebt sie als Journalistin und Mitglied der Zürcher Literaturkommission. Briefe zwischen den Freundinnen zeigen komplizierte erotische Gefühle, Suche nach Nähe, Freude an gegenseitiger Vertrautheit, Schmerz über zurückgewiesene Empfindungen. „Meine liebe, liebe Esther, ich glaube, jetzt ist das Schlimmste vorbei. Das waren böse Tage ohne Sonne. Ich konnte keinen sehen, keinen sprechen, mochte nicht arbeiten, nicht lesen und wäre am liebsten morgens gleich liegen geblieben. Auch die andern waren still und trüb. So hat uns der Abschied von dem Estherli ergriffen", schreibt Genia nach einem der vielen Besuche ihrer Freundin. Und nach langer Trennungszeit notiert Esther in ihrem Tagebuch: „29. August 1925: Genia zum ersten Mal nach 14 Jahren. Abends Fahrt mit Schwarzwalds zum Seenachtsfest. Unglaublich, sich wieder so zu verstehen nach so langer Trennung." Drei Tage später dankt Esther für die wiedergefundene Freundschaft. Diesen Brief trägt Eugenie Schwarzwald immer bei sich, rettet ihn durch spätere Wirren der Flucht und Emigration.

Genia ist eine Frau voller Energie, Kreativität und Organisationstalent, da bietet ihr das Ambiente in der Josefstädter Straße – anders als Briefkontakte – das Forum für spontane Begegnungen. „Jeder darf kommen, wann er will, jeder geht, wann er will; es ist keine Etikette des Sitzens, Gehens, Stehens, Grüßens." Die österreichische Schriftstellerin Hilde Spiel, eine der vielen berühmt gewordenen Schwarzwaldschülerinnen, nennt Genia einen der „tatkräftigsten Menschen der Epoche". Zugleich führt diese ihren Salon auf hohem intellektuellen Niveau. Was sicherlich nicht zuletzt daran liegt, dass sie eine für Frauen dieser Zeit überdurchschnittliche (Aus-)Bildung besitzt.

Aufgewachsen ist sie in Czernowitz, einer multikulturellen Stadt in der Bukowina, dem südöstlichsten Randgebiet der Monarchie. Hier wohnen Menschen aus der Ukraine, aus Rumänien, Polen, Deutschland und Ungarn. Die Bukowina ist das national uneinheitlichste Kronland Österreichs, eine „Gegend, in der Menschen und Bücher lebten", wie Paul Celan über seine Heimat schreibt. Genia erlebt eine Kindheit mit jüdischen Traditionen in einem privilegierten Elternhaus, das ihr eine gehörige Portion intellektueller Neugier, Selbstvertrauen und Durchsetzungskraft mitgibt. Nach dem Lyzeum besucht Eugenie Nussbaum – so ihr Geburtsname – das Lehrerinnenseminar, verlässt es aber nach drei Jahren, denn

> „in solchen Kleidern, mit einer solchen Haartracht konnte man nicht jung sein. Unser Geist trug ein Fischbeinkorsett und in unsere Herzen gruben sich Metallschienen. Wer so aussah, konnte weder denken noch fühlen ... War man reich, wartete man auf einen Mann ... Die Zwischenzeit zwischen Schule und Ehe wurde eben vertrödelt, weil es nicht lohnt, einen Zustand, der keine Dauer verspricht, zu füllen. War man arm, dann wartete man erst recht auf einen Mann, denn er war der einzige Gewinn in der Lebenslotterie."[23]

Auf diese Aussichten ist Genia keinesfalls erpicht. Sie, die zierliche 20-Jährige mit den wilden Locken und dem unbändigen Temperament, will auf keinen Fall heiraten. Sie will studieren – eine kühne Idee in einer Zeit, die Hochschulbildung im Grunde nur Männern bietet. So geht sie 1894 zum Germanistik-Studium nach Zürich, der einzigen Stadt Europas, die Frauen zur Hochschule zulässt. Und gehört damit zu den Studentinnen der ersten Generation, zu den Pionierinnen des Frauenstudiums.

> „Um hier zu studieren, mußte man einen Knax haben. Vorher fing man nicht an. Man kam zum Studium aus unglücklicher Liebe, aus Weltschmerz, oder, das war das Schlimmste, aus Grundsatz. Jedes Mädchen, welches mit Mühe und Not die Matura gemacht hatte, war nämlich ein Pionier. Lauter Brünhilden. Jeder Ausspruch trug Harnisch. Alle wollten sie's den

> Männern zeigen. Ob sie sezierten, ob sie Phonetik trieben oder vor einer Retorte standen, immer waren sie Priesterinnen und handelten in einer Mission. Immer galt es, etwas vorzustellen, jemand zu überzeugen, zu übertrumpfen. Wer seine Verachtung der Männer am besten in Kleidung und Haltung auszudrücken verstand, wurde Präsidentin des Studentinnenvereins. Jeden ersten Mittwoch im Monat ging eine Abordnung zum Rektor, um sich zu beklagen, daß der Professor der Romanistik, der seit 40 Jahren vortrug, alter Gewohnheit gemäß noch immer ‚meine Herren' sagte, obgleich unter seinen 150 Hörern auch 3 Mädchen saßen. Sie wären doch so brennend gerne Männer gewesen, wollten sich aber durchaus nicht so ansprechen lassen. Es war ein Jammer."[24]

Genia hat neue Ideen zum Thema Chancengleichheit, ein Infragestellen der Frauenrolle an sich ist ihre Sache aber nicht. Zu den feministischen Ansätzen anderer Studentinnen fehlt ihr der Zugang. Ihre Kontakte zur organisierten Frauenbewegung sind eher sporadisch.

In dieser „glückhaften Studienzeit" des internationalen Klimas in der Schweizer Hauptstadt ernährt sich Genia von Brot, Konfitüre und Sprüngli-Schokolade, gibt Unterricht und übersetzt ukrainische Texte ins Deutsche.

> „Die nachhaltigste Wirkung aber übten die heftigen, unlogischen Gespräche in meinem kleinen Zimmer, das nur vier Personen faßte, aber gewöhnlich vierzehn enthielt. Bei Tee, auf einem merkwürdig unzulänglichen Spirituskocher, der aber nur selten explodierte, bereitet, getrunken aus Gläsern, die die Gäste in der Tasche mitgebracht hatten, wurden Gespräche geführt, so leidenschaftlich heftig, als hinge das Heil der Welt davon ab", erinnert sie sich 1928 in einem Artikel der *Neuen Zürcher Zeitung*.[25]

1900 promoviert sie, zieht nach Wien und heiratet kurz darauf Hermann Schwarzwald, Sektionschef des Finanzministeriums und wichtigster Mann gleich nach dem Minister. Oskar Kokoschka zeichnet und malt ihn. Hemme

Marie Stiasny, Egon Friedell und Freunde im Garten von Eugenies Haus am Grundlsee.

Schwarzwald ist der ruhende Pol des Hauses, nicht Genia, wie es nach außen scheint. Zusammen mit den Schwarzwalds lebt Marie Stiasny, eine „rätselhafte Erscheinung, schön, kühl und elegant". „Es dauerte nicht lange, bis sogar eine unerfahrene Person wie ich verstand – gesprochen wurde darüber nie –, daß man hier eine ‚ménage à trois' vor sich hatte", so eine Freundin von Karin Michaelis. „Hemme nahm dankbar ihre Liebe und ständige Fürsorge entgegen und war gleichzeitig Genia, seiner Frau, treu zugetan."[26] Als einmal jemand die Frage nach der Scheidung stellt, fällt ihm Hemme ganz verständnislos ins Wort: ‚Aber warum?', er habe niemals einen solchen Gedanken gehabt, und so viel er wisse auch seine Frau nicht. Marie sieht ebenso verwundert undurchdringlich aus: ‚Aber warum?' Niemand macht ein Geheimnis aus der Beziehung von Hermann und Marie. Wenn er krank ist, pflegt ihn Marie ganz selbstverständlich, und Genia fragt bei ihr nach, wie die Nacht gewesen ist. Marie Stiasny kümmert sich um Genias Steuern und Finanzen,

Eugenie Schwarzwald vor ihrem Ferienheim am Grundlsee, seit 1920 Treffpunkt für befreundete Künstlerinnen und Künstler.

vor allem aber um das Ferienhaus Seeblick am Grundlsee. Hier im Salzkammergut verlebt Genia seit 1921 die Sommermonate, mit ihr eine illustre Gesellschaft von Professoren, KünstlerInnen und SchriftstellerInnen. Egon Friedell gibt abends Kostproben seines literarischen Humors, Ausdruckstänze werden vorgeführt, Kostümfeste und hypnotische Seancen veranstaltet. Haus Seeblick hat das Flair einer Künstlerkolonie. Die inspirierende Umgebung und Genias soziale Kreativität locken viele Gäste. Helene Weigel, ehemalige Schwarzwaldschülerin, spätere Brechtinterpretin und -gefährtin, ist oft dabei. Hat Fraudoktor sie doch gegen den Willen ihrer Eltern beim Traumberuf Schauspielerin unterstützt und einen Vorsprechtermin beim Direktor der Wiener Volksbühne arrangiert. So bekommt Helene 1919 ihr erstes Engagement.

Zu Genias Wohngemeinschaft in der Josefstädter Straße gehören noch die Köchin Midi sowie Martha Wiesinger, die im Sommer am Grundlsee assistiert. Maria Schneider gerät an Genias turbulenten Haushalt, als sie auf Jobsuche nach Wien gekommen ist:

> „Frau Doktor verliebte sich in mich, wie sie selbst sagte, und ich auch in sie natürlich; sie wollte mich gerne um sich haben oder doch in der Nähe, und so erfand sie allerlei Jobs für mich: Erst im Haushalt, dann schickte sie mich in einen Kosmetikkurs zum Pessl und überließ mir dann das Gästezimmer, das ich mir mit wenig Geld als Kosmetiksalon sehr hübsch einrichtete."[27]

Ihre Kundinnen sind in der Regel mit der Schwarzwaldschule verbunden. Sie hat all das moderne Gerät, das man in diesem Geschäft braucht, und dazu einen wunderschönen chinesischen Korbsessel, in dem sich die Kundinnen von ihr verwöhnen lassen. Während sie Fraudoktors Gesicht massiert und ihre Nägel manikürt, diktiert diese der Sekretärin einen Brief, telefoniert, bespricht mit Midi das Menü oder diskutiert lebhaft mit einem gerade angekommenen Gast. Solche Situationen liebt Fraudoktor besonders.

„Genia gehörte nicht zu denen, die sich vorsichtig und still durch den Dschungel des Lebens schlichen, oder gar schlängelten. Alles an ihr war herausfordernd: Kleider, Auftreten und Ansichten, eine ‚Dame' war sie sicher nicht", meint eine Freundin. Genias Äußeres ist nicht gerade *comme il faut.* Sie trägt weite Reformkleider, kurze Haare, ist auch nicht der angesagte knabenhafte Frauentyp der zwanziger Jahre. Und weigert sich entschieden, ein Korsett zu tragen. Die junge Alice Herdan-Zuckmayer fühlt bei ihr zum ersten Mal „eine Brust und einen Bauch atmen, kein Panzer aus Fischbein, nur ein Stück Stoff war zwischen uns". Die ehemalige Schwarzwaldschülerin, Schriftstellerin und in zweiter Ehe verheiratet mit Carl Zuckmayer, geht bei Fraudoktor ein und aus. „Ganz frei mußte sie sein und konnte sich nicht auf alte Formen einlassen, ebenso wenig wie auf ein Korsett, einen steifen Halskragen oder zu enge Handschuhe", kennt auch Karin Michaelis ihre Freundin Genia. Aber Wien ist nicht so großstädtisch wie Berlin oder Paris. Vermeintlich Exzentrisches wird hier nicht so selbstverständlich hingenommen. In einem Zeitungsartikel für die *Neue Freie Presse* schreibt Genia Schwarzwald 1927:

> „Ich hatte unvorsichtigerweise das Doktorexamen gemacht, also mußte man mit mir über Wert und Unwert des Frauenstudiums sprechen. Ich trank keinen Alkohol, die ganze Tischgesellschaft mußte sich also bemühen, mich zu ihm zu bekehren, während ich nicht den leisesten Versuch machte, die Abstinenz zu predigen. Die Tatsache meines Nichtrauchens hat mir Tausende von Reklamationen eingetragen. Was ich im Jahre 1904 gelitten habe, weil ich damals den gleichen Kittel trug, der erst heute modern ist, und wie oft meine kurzgeschnittenen Haare im Jahre 1914 den Gesprächsstoff ergeben haben, geht auf keine Kuhhaut."[28]

Inzwischen ist die Schwarzwaldschule in die obersten Stockwerke der Wallnerstraße 9 umgezogen. Unten im Café Herrenhof treffen sich die Aktivisten der Feder, zukünftige Genies der Literatur oder ewige Schreiberlinge, auf dem Dachgarten treiben die Schülerinnen Sport und haben ihr Vergnügen. Im Dezember 1926 bringen alle großen Wiener Tageszeitungen Berichte über Fraudoktor: die Schwarzwaldschule feiert 25-Jähriges! Dr. Emelie Wellesz, ehe-

Turnunterricht über den Dächern von Wien: Schülerinnen der Schwarzwaldschule.

malige Schülerin und inzwischen anerkannte Kunsthistorikerin, verheiratet mit dem Komponisten Egon Wellesz, spricht Glückwünsche. Die Ex-Schwarzwälderin Vicki Baum, internationale Bestsellerautorin, reist eigens aus Berlin an und trägt ein Gedicht vor – und der Präsident des Stadtschulrates lobhudelt: „Die Leiterin und Begründerin der Schwarzwaldschulen pflegt durchzusetzen, was sie sich vorgenommen hat."

Genia Schwarzwald ist zwar „Fraudoktor", hat aber nie eine Lehramtsprüfung gemacht. So ist sie gezwungen, Mitarbeiterinnen als formal anerkannte Direktorinnen vorzuschieben. Als Schulleiterin kämpft sie in Briefen an die Schulbehörde für ihre rechtliche Anerkennung. In Eingaben an verschiedene Ministerien fordert sie die Akzeptanz ihres akademischen Grades

– die Behörden erkennen ihren Doktortitel aus der Schweiz nicht an. Auf Stadtratssitzungen argumentiert sie für ihre neue Pädagogik. Und nennt diese Sisyphusarbeit gegen verknöcherte Strukturen und Bürokratismus „schwarzen Optimismus".

Für viele Wiener, Berliner und Schweizer Zeitungen schreibt die „Jeanne d'Arc des Schulwesens" Artikel und Feuilletons. Sie spricht im Rundfunk, hält Vorträge bei gelegentlichen Auslandsreisen. Und sie schafft ein riesiges Sozialwerk. Die feine Gesellschaft ist pikiert, aber Genias Gemeinschaftsküchen machen ab 1915 Furore. Im Akazienhof wird die erste eröffnet. Die Räume hat Adolf Loos gestaltet und eingerichtet, die Tische sind mit Leinendecken und Blumen geschmückt. Bald gibt es zehn solcher Volksküchen in Wien. Auf genossenschaftlicher Basis organisiert, bieten sie preisgünstiges vegetarisches Essen und alkoholfreie Getränke. Sie bringen die hungernden und frierenden Menschen durch die Kriegsjahre. Und helfen auch in der Inflationszeit danach weiter – wer kann sich schon irrsinnig teure Gaststätten leisten?

> „Doch weiß ich sehr genau, daß ein großer Teil der Wiener Bevölkerung rundweg verhungert wäre, ohne ihre unermüdliche Werk- und Hilfetätigkeit, ihre glühende Bereitschaft, ihre außerordentliche Kühnheit und Konsequenz. Sie wußte Nahrungsmittel zu beschaffen, wo eine Ratte nichts mehr fur ihre leeren Eingeweide fand … Sie antichambrierte bei den Großkapitalisten und den Behörden; sie kommandierte die Zeitungsredaktionen; sie bändigte Reporter", begeistert sich der Schriftsteller Jakob Wassermann. „Sie befeuerte ihre Freunde, erstickte den Widerspruch der Feinde, nahm die Trägen ins Schlepptau, daß die Ketten weithin rasselten, übersah die Ignoranz, den Neid, die Gleichgültigkeit."[29]

Genias nächste Aktion: Sommerheime. Viele Wiener Familien lassen ihre Sommerhäuser im Krieg leer stehen. Sie wollen ihren Angehörigen, die verwundet sind oder als Soldaten auf Urlaub kommen, keine weite Reise zumuten. Diese Häuser funktioniert Genia ab 1915 zu Ferienheimen für Kinder und Erwachsene um.

Im Sommer 1916 startet sie die Organisation „Wiener Kinder aufs Land". Zunächst machen die Stadtkinder Ferien auf dem Bauernhof in Österreich. Als Genia in einer Schweizer und einer schwedischen Zeitung Appelle veröffentlicht, melden sich Privatpersonen und Institutionen, um Kinder aufzunehmen. Für die sind es Reisen ins Schlaraffenland, nur wenige können sich in Wien noch satt essen.

Zur Unterstützung ihrer Projekte erwirbt Genia „eine Gemüsefarm für die Gemeinschaftsküchen und beteiligte sich an einem rentablen Taxiunternehmen, um die Unkosten für Gratistrambahnbillette für alte Leute und mittellose Studenten decken zu können. Und auch ein Lehrmädchenwohnheim gründete sie – groteskerweise in einem ehemaligen Stundenhotel. Alles, was sie ins Leben rief, hatte Farbe und zog Menschen an, die sich voller Enthusiasmus dafür einsetzten."[30]

All dieses muss Genia Schwarzwald zurücklassen, als sie 1938 in die Schweiz emigriert. Die Brustkrebsoperation in Dänemark kann sie nicht mehr retten. 1940 stirbt sie in Zürich, wo Marie Stiasny, die dort schon Hermann Schwarzwald bis zu seinem Tod 1939 gepflegt hat, ihr bis zuletzt treu zur Seite steht.

KAPITEL 3

TÄNZE AM RANDE DES VULKANS

WALZER, MASKEN UND DÄMONEN

„Wenn ich sehe, wie junge Damen, die mir persönlich nahe stehen und die ich in ihrem Berufe oder im Haushalt als tüchtig und zuverlässig kennengelernt habe, wie von Furien getrieben, gleichfalls dem Tanzboden zueilen, dann übermannt mich ein tiefes Bedauern", klagt 1921 ein Zeitungsredakteur. Die weibliche Parkettrevolte hat begonnen. „Tanzen und in Ekstase leben" ist die neue Losung im Nachkriegseuropa. Foxtrott und Shimmy erobern Anfang der zwanziger Jahre auch die Wiener Tanzböden. Dann folgt der Charleston, mit X-Beinen und beherztem Einsatz von Hüfte und Po.

Sämtliche Modetänze dieser Zeit kommen aus Amerika und haben afrikanische Wurzeln. Die Königin des Charleston ist Josephine Baker. Mit ihrer *Revue Nègre* macht sie ihn in Europa populär und gibt in Wien 1925 ein Gastspiel mit Bastrock und Bananen. „Ihr Tanz", heißt es in der Presse, „das ist Instinkt gegen die Zivilisation, ist Aufruhr der Sinne. Sie enthüllt uns jenes Unterbewußte, das unsere Weltanschauung über den Haufen wirft."

Die Erotik der Jazz-Tänze heizt in den Varietés und Revuetheatern das Wiener Nachtleben an. Anita Berber, die in Berlin für jeden Skandal gut ist und zum ersten Sexsymbol der Weimarer Republik wird, sorgt 1922 mit der Premiere ihrer *Tänze des Lasters, des Grauens und der Ekstase* in Wien für Schlagzeilen. Die Londoner Tiller-Girls, dieses „Wesen mit 36 Beinen", haben mehrere Revueauftritte an der Donau.

LINKS **Hilde Holger tanzt das „Prélude" von Bach , 1934.**

Gertrud Bodenwieser (am Fenster) mit ihrer Tanzgruppe auf Tournee in der Tschechoslowakei.

Die Amerikanerin Isadora Duncan hat zwanzig Jahre zuvor schon die Moralvorstellungen des Wiener Bürgertums ins Wanken gebracht. Ungeschnürt und barfuss tritt sie 1902 in der Wiener Sezession auf. Wie zuvor in Chicago und New York fegt sie mit zurückgeworfenem Kopf, wildem Blick und wehender Tunika über die Bühne, eine Wegbereiterin der Freikörperkultur und Reformkleidung. Viele junge Wienerinnen sind begeistert von Duncans Alternative zum klassischen Ballett mit seinen unnatürlich verstellten Gliedmaßen und dem verkrümmten Skelett.

Auch die Schwestern Wiesenthal hat es gepackt, sie verhelfen mit ihren Auftritten dem Tanz zu neuen Sprüngen. 1907 haben sie als Balletteleveninnen die Oper verlassen, sie wollen nicht in erstarrten Formen das immer gleiche Repertoire abspulen, sondern Spontaneität und Persönlichkeit zum Ausdruck bringen. In der Tanzszene spiegelt sich die Widersprüchlichkeit der Zeit: klassisch starr und konventionell das Ballett an der Hofoper gegenüber dem kreativen Aufbruch der Reformtänzerinnen – junge Frauen, die von Selbstentfaltung träumen, von Unabhängigkeit und Emanzipation und einem selbstbestimmten künstlerischen Weg ohne Spitzenschuhe und angepasste Korsage.

Im vornehmen Kabarett Fledermaus versammelt sich im Januar 1908 ein illustres Publikum. Österreichischer Adel, Künstlerinnen, Künstler und kunstbegeistertes Bürgertum blockieren mit ihren Wagen und Equipagen die Kärntner Straße, das kleine Theater füllt sich bis auf den letzten Platz. Was die Zuschauerinnen und Zuschauer zu sehen bekommen, reißt sie zu Begeisterungsstürmen hin: drei junge, elfenhaft zarte Mädchen tanzen Walzer – in vollendeter Harmonie und Natürlichkeit, weit entfernt von der Künstlichkeit der Ballettbühnen. Als Grete Wiesenthal in einem weiten Gewand aus grüner Seide, mit wehenden braunen Haaren den Lieblingswalzer der Wiener *An der schönen blauen Donau* tanzt, gibt es frenetischen Applaus. Mit diesem Tanzabend werden die Schwestern Grete, Elsa und Berta über Nacht zu einer Sensation. Alle wollen die Wiesenthals tanzen sehen. Bald füllen sie den großen Wiener Konzerthaussaal, es folgen Gastspiele in Budapest, Prag, London, Paris und Berlin. In wenigen Jahren werden sie international berühmt. Mit ihren Walzer-Varianten gelingt es dem „Schmetterling" Grete Wiesenthal, den Tanz außerhalb der Hofoper salonfähig zu machen. Besonders sie, die Älteste, wird zum „Symbol des damaligen Lebens: sorgenlos, heiter, voll beschwingter Anmut".

1919 gründet die Walzerkönigin ihre eigene Tanzschule, inszeniert Ende der zwanziger Jahre am Deutschen Theater in Berlin bei Max Reinhardt. 1933 tritt sie am Broadway in New York auf, und die Internationalen Tanzwochen in Wien werden 1934 natürlich von ihr eröffnet. Im selben Jahr wird Grete Wiesenthal Professorin für Tanz an der Wiener Akademie. In ihrem Salon treffen sich Theaterleute, Schriftstellerinnen und Schriftsteller. „Grete Wiesenthal und ihre Schwestern haben dem Wiener Walzer einen Platz unter den Künsten gesichert", schreibt die Tänzerin Gertrud Bodenwieser.[1]

Für Gertrud Bodenwieser ist es durchaus kein Widerspruch, den Walzer-Wunsch des Wiener Publikums zu erfüllen und im gleichen Programm ernste Themen und expressionistische Formen zu tanzen. Sie wird in wenigen Jahren zur profiliertesten Vertreterin des Freien Tanzes in Wien.

Als Gertrud Bondi wächst sie in gutbürgerlichem Hause auf, der Vater ist Börsenmakler, die Familie lebt in einer großzügigen Wohnung in der Universitätsstraße. Gertrud und ihre ältere Schwester Franziska werden von französischen und englischen Gouvernanten unterrichtet, Musik, Kunst und Literatur spielen dabei eine wichtige Rolle. Beim Ersten Ballettmeister der Wiener Hofoper bekommen die Töchter Tanzunterricht.

1910 ist Gertrud Bondi zwanzig Jahre alt. Sie hat Kontakte zu jungen Intellektuellen der Wiener Szene; Arthur Schnitzler, Thomas Mann, Frank Wedekind und Oskar Kokoschka gehören dazu. Die freie Tanzszene fasziniert sie. Diese moderne Kunst provoziert, verstößt gegen alt hergebrachte frauen- und körperfeindliche Traditionen und propagiert das neue Frauenbild.

Für Gertrud Bondi wird schnell klar: Tanz ist ihre Berufung. Aus Rücksicht auf ihre Familie ändert sie ihren Namen in Bodenwieser und betritt die Tanzbühne. Im Rahmen der Ausstellung der „Neuen Vereinigung für Malerei, Graphik und Plastik" gibt sie 1919 ihren ersten Soloabend im französischen Saal des Wiener Konzerthauses. Die Eintrittsgelder der geladenen Gäste gehen an Not leidende Künstlerinnen und Künstler. Auf diese Weise wird die Familie nicht brüskiert – eine vor Publikum tanzende Tochter ist schließlich schwer genug zu verkraften. Nicht auszudenken, wenn sie dies auch noch für Geld täte!

> „Neu, bedingungslos neu war alles, was uns die Künstlerin bot. Wir sahen hier erstmalig dasjenige im Tanze zur Geltung kommen, was der Malerei, der Dichtkunst und der Musik der Jungen schon seit einiger Zeit eigen ist: die bedingungslose Abkehr von allem Überlieferten und das ehrliche Suchen nach neuen, rein persönlichen Ausdruckswerten. ... wohin immer sich diese Kunst auch entwickeln möge, das eine steht fest, daß wir in Gertrud Bodenwieser nicht nur eine in Technik und Auffassung völlig moderne Tänzerin von prägnantester Eigenart, sondern eine der stärksten Tanzdispositionen der letzten Jahre überhaupt kennenlernten, die in ihrer ursprünglich-tanzgemäßen, rein emotionellen Art die stärksten Eindrücke hervorzubringen vermag."[2]

„Sorgenlos, heiter, voll beschwingter Anmut“: Grete Wiesenthal.

Bedingungslos neu und ausdrucksstark sind Gertrud Bodenwiesers Choreografien.

Neun Jahre hat es gedauert, bis sie zu ihrer eigenen Form des Ausdrucks gefunden hat. Bei ihrem Debüt ist Bodenwieser 29 Jahre, relativ alt für eine Tänzerin. Aber sie ist jetzt geschult in den Tanztheorien der Zeit. Ihr Vorbild ist der Ungar Rudolf von Laban, der eine umfassende Analyse, Philosophie und Pädagogik des Freien Tanzes entwickelt hat. Auf diesen Gebieten fühlt auch sie sich heimisch. Bodenwieser liebt philosophische Gespräche und Diskussionen über Kunst und Soziologie. Als Dozentin am Wiener Konservatorium entwickelt sie auf der Basis von Labans Theorien ihren speziellen Stil, der impulsiv und dramatisch ist, mit hohen Sprüngen und wirbelnden Drehungen. Ihre Choreografie integriert Volkstänze, spiegelt ihre persönliche, aber auch die gesellschaftliche Wirklichkeit.

> „Wir wollen die ganze Skala der Gefühle mit allen Schattierungen und Nuancen, von den zartesten Sehnsüchten der Seele bis zu elementarer Leidenschaft. Wir halten eine Bewegung für schön, wenn sie ausdrucksstark und charakteristisch ist. Eine rein konventionelle Darstellung befriedigt uns nicht mehr. Sie erscheint uns nur noch als äußerlicher Schein, als oberflächlich und leer ... Die Kunst des Tanzes macht uns Tatsachen von größtem ethischen Wert bewusst ...“[3]

Die zurückhaltende Bodenwieser wird schnell zur begehrten Lehrerin in Wien. An der Staatsakademie für Musik und darstellende Kunst unterrichtet sie Mimik und Tanz. 1922 gründet sie eine eigene Schule, ihr Studio liegt dicht am Stadtpark, wo sie manchmal in Gedanken versunken spazieren geht. „Frau Gerty“ ist eine beeindruckende Erscheinung: meist ganz in Schwarz gekleidet, klein und mit fein geschnittenem Gesicht, auffallend tadellosen Zähnen, großen dunklen Augen und dichtem schwarzen Haar, das sie stets sorgfältig aus der hohen Stirn zurückgekämmt und in einem großen Nackenknoten trägt. Da sie sehr kurzsichtig ist, trägt sie immer ein Lorgnon bei sich, durch das sie ihre Schülerinnen mustert. Diese grüßen ehrfurchtsvoll und wienerisch höflich mit Knicks und „Küss die Hand, gnädige Frau“.

Schon früh am Morgen gibt Gertrud Bodenwieser Privatunterricht in ihrer Schule. Dann wechselt sie zur Akademie, betreut dort Tanzklassen und leitet Proben, die bis zum Abend dauern. „Wie oft sahen wir unsere geliebte Meisterin, in Gedanken versunken, vom Konzerthaus aus ihrer Schule in die Akademie zu den Unterrichtsstunden gehen", erinnert sich ihre Schülerin Hilde Holger, „ihren Hut manches Mal verkehrt aufgesetzt, niemand sehend, vollkommen konzentriert auf ihre Schöpfungen."[4] Ein schwarzer Filzhut mit Schleier wird in späteren Jahren Bodenwiesers Markenzeichen. „Ich sehe sie noch vor mir, wie sie auf einer Cocktailparty mitten in einer angeregten Unterhaltung mit leichter Hand den Schleier losband, Oliven und Häppchen mit erstaunlicher Geschicklichkeit zwischen ihren vollen Lippen verschwinden ließ, den Schleier wieder festband und ihren Satz fast ohne Unterbrechung beendete",[5] schreibt die Tänzerin Shona Dunlop MacTavish.

Das Wiener Konzerthaus mit Bodenwiesers privatem Tanzstudio im Keller des linken Flügels.

Wenn keine zusätzlichen Proben anstehen, verbringt Bodenwieser den Abend auf Gesellschaften oder geht ins Theater. Neben ihrer Arbeit als Solotänzerin beginnt sie ein eigenes Tanzensemble aufzubauen. Nach dem ersten Auftritt 1923 in Wien unternimmt die Gruppe jedes Jahr große Tourneen und wird zum festen Begriff in Österreich, Deutschland, Frankreich, Italien und der Tschechoslowakei. 1928 wird Gertrud Bodenwieser Frau Professorin. Nach Auftritten im Londoner Coliseum heißt es 1929 in der *Dancing Times:*

> „Der eher schwere und oft bedrückende Intellektualismus Deutschlands, den der Krieg noch verstärkt hat, hatte in Wien keine Überlebenschance, hier entwickelte man leichtere, gefälligere und malerischere Züge. Im Gegensatz zu Wigman, die oft auf musikalische Begleitung verzichtete, wollten

Bodenwieser und ihre Schülerinnen Tanz und Musik nicht trennen, obwohl sie bisweilen Schlaginstrumente verwendeten."[6]

Die Tanzcrew ist eine reine Frauengruppe, alle Tänzerinnen sind Frau Gertys Schülerinnen, gut aussehend und ästhetisch in ihren Bewegungen. Bodenwieser achtet bei ihren Tänzerinnen darauf, eine gute Mischung von Blondinen und Brünetten zu haben, und auch von Rothaarigen, wenn sie welche findet. Wenn die Blondinen nicht mehr richtig blond sind, müssen sie ihre Haare wieder bleichen. Die langen, wehenden Haare werden bei Frau Gertys Arbeit ein wichtiges Element.

Bodenwieserinnen mit dem „Sonnenuntergang".

„Ich hatte das Glück, daß Bodenwieser meine Lehrerin war. Sie war wie ein Vulkan, aus dem die Ideen nur so herausbrachen. Sie war sehr inspirierend, und sie hat das Individuum nie übergangen. Sie hat es immer geschätzt und uns selbst schaffen lassen. Ich habe sehr viel von ihr gelernt."[7]

Hilde Holger ist eine Bodenwieserin der ersten Tanzgruppe. Aufgewachsen mit Mutter und Schwester im Wiener Vorort Pötzleinsdorf bei den Großeltern, entwickelt sie früh Phantasie und Freude an der Bewegung. Schon nach zwei Jahren Ausbildung wird sie Bodenwiesers Assistentin und reist mit ihr durch die großen Städte Europas. Als 18-Jährige gibt sie 1923 ihr Solodebüt im Haus der Wiener Sezession. Mit großem Erfolg tanzt sie zur Musik von Schubert *Die Forelle* – inspiriert von den Bewegungen des Weihnachtskarpfens in der

Badewanne. Weitere Solovorstellungen folgen, dann der Gruppentanz *Dämon Maschine* als Bodenwieserin. Es ist Frau Gertys erfolgreichste Choreografie, „beeindruckend wie ein Besuch im Maschinenraum einer großen Fabrik", mehrfach ausgezeichnet und immer wieder aufgeführt.

Meist lässt Bodenwieser sich zu ihren tänzerischen Arrangements von einer Musik inspirieren. Bei Tänzen, die die Probleme ihrer Zeit darstellen, diskutiert sie ihre Ideen mit zwei oder drei Mitgliedern ihrer Gruppe, zu denen sie eine enge Beziehung hat. Mit gesenktem Kopf läuft sie bei diesen Besprechungen hin und her, eine Hand an den Mund gelegt, auf der Suche nach Formen.

> „Bodenwiesers Idee, die beängstigenden Aspekte der Mechanisierung mit ihren gefährlichen Folgen für die Menschen in Bewegung umzusetzen, stachelte ihre Phantasie zu visionärer Glut an. Wir Tänzerinnen waren von ihren Vorschlägen sofort fasziniert."[8]

In diesen Phasen sind die Schülerinnen zur totalen Hingabe bereit, proben unermüdlich drei-, viermal wöchentlich sechs bis sieben Stunden. Bodenwieser kommt immer als Erste und verlässt das Studio als Letzte.

Nach fünf Jahren in Bodenwiesers Gruppe eröffnet Hilde Holger 1926 im Palais Ratibor ihre eigene Tanzschule, die „Neue Schule für Bewegungskunst". Sie will sich weiterentwickeln, frei entfalten und selbst gestalten, interessiert sich für Kunst, Malerei, Literatur, Musik und Film, lernt die Wiener Avantgarde kennen. Um die fünfzig Schülerinnen hat sie, gründet bald die „Hilde Holger Tanzgruppe" und eine Kindertanzgruppe. Ihre jüdische Herkunft, fremde Kulturen, die Kunst der Moderne, das russische Theater und die Aufsehen erregenden Filme Sergej Eisensteins inspirieren sie zu Solotänzen wie *Javanische Impressionen, Golem* oder *Monotonie der Stadt.* Holgers Schule wird zu einem Zentrum des modernen Tanzes.

Auch Hildes Lehrerin experimentiert, greift politische und umstrittene Themen auf, entwickelt Tanzdramen nach literarischen oder psychoanalytischen Vorlagen. In *Strömung und Gegenströmung* zeigt Bodenwieser die Themen

Mechanisches Ballett: Hilde Holger, um 1926.

Mystizismus, Mechanisierung und *Dekadenz* als drei Faktoren menschlichen Daseins und Leidens. Sie erweckt „verzehrende Trauer, wilde Eifersucht, werbende Liebe, hektische Arbeit, technische Mechanisierung und leidenschaft-

Hilde Holger (rechts) und Ley Sagunt, Studioaufnahme um 1933.

lichen Daseinskampf" zu tänzerischem Leben. Im Tanzzyklus *Die großen Stunden* bringt sie den Prozess der Geburt auf die Bühne. Der Einfluss Freuds wird in der Tanzsuite *Rhythmen des Unbewussten* mit den Szenen *Stille, Traum der Lust, Traum der Angst* sichtbar. Zwischen 1932 und 1934 arbeitet sie als Lehrerin am Wiener Max-Reinhardt-Seminar, der ersten Adresse für Schauspiel und Regie. An den Wiener Festwochen nehmen die Bodenwieserinnen teil, tanzen aber auch bei der „Sozialdemokratischen Arbeiterorganisation" oder treten am Burgtheater auf, wo Frau Gerty Wedekinds *Franziska* choreografiert. Das Stück thematisiert lesbische Liebe – und wird mit der Schauspielerin Tilla Durieux ein Sensationserfolg. Burgtheater-Dramaturg ist Friedrich Rosenthal, seit 1920 mit Gertrud Bodenwieser verheiratet.

Wenn sie nicht unterrichtet, choreografiert oder tanzt, tourt Bodenwieser mit ihrer Gruppe durch Europa. 1934 reisen sie als erstes modernes Tanzensemble bis Japan – und Frau Gerty muss besorgte Eltern ob der Fahrt in den „geheimnisvollen Osten" beruhigen. Eine Attraktion dieser Tournee ist die Fahrt mit der transsibirischen Eisenbahn. Eine Tänzerin schreibt an ihre Eltern:

> „Wir fühlen uns wunderbar. Wir laufen den ganzen Tag in unseren Trainingsanzügen herum, haben jeden Tag Training und nachmittags gibt Professor Bodenwieser uns Englischunterricht ... Das Essen im Speisewagen ist schlecht, vor allem das Brot... Das einzig Angenehme dort ist der Tee. Wir sind froh, daß wir genug Konserven mitgenommen haben und uns selber unser Essen kochen können. Aber wir leiden sehr unter Durst ... Einmal pro Tag halten wir in einer großen Stadt, und wir verlassen den Zug, um frische Luft zu schnappen und unsere Briefe aufzugeben."[9]

Unter dem Eindruck des beginnenden Nazi-Terrors entsteht 1936 Bodenwiesers Tanzdrama *Die Masken Luzifers*. „‚Der Terror' bedrückt, erwürgt mit Angst und schreitet gleichgültig über Leichen, bis endlich ‚der Haß' die Menschen gegeneinander schürt, Rasse gegen Rasse hetzt, bis er auf den Trümmern der Menschheit triumphiert. Die Bilder von ausgeprägtem Ausdruck, phantastisch in ihrer Farbenstimmung, und welch edle Warnung sich in ihnen verbirgt", heißt es in einer Kritik.[10] Im Januar 1938 treffen sich zahlreiche Tanzpersönlichkeiten zu einer Benefizveranstaltung in der Wiener Hofburg. Grete Wiesenthal verabschiedet sich hier im Alter von 53 Jahren als Tänzerin, auch für Bodenwieser ist es der letzte Wiener Auftritt. Das Ende einer Ära. In ihrem Rücktrittsgesuch an das Präsidium der Akademie formuliert sie unmissverständlich:

„Hiermit erkläre ich, daß ich meine Lehrstelle an der Staatsakademie für Musik und darstellende Kunst niederlege und auf alle weiteren Bezüge von dem Tage meiner Ausreisemöglichkeit ins Ausland an, endgültig verzichte. Gezeichnet Prof. Gertrud Bodenwieser.“[11]

Als sie vom Passamt Wien endlich die Genehmigung zur Ausreise erhält, fährt sie mit ihrem Mann nach Frankreich, um von dort einige Wochen später mit ihrer Gruppe zu einer mehrmonatigen Südamerikatournee aufzubrechen. Friedrich Rosenthal bleibt in Frankreich, wo er sich in fließendem Französisch verständigen kann und Arbeit beim Rundfunk findet. Im Juni 1940 marschieren deutsche Truppen in Paris ein. Rosenthal wird in ein Vernichtungslager deportiert.

Die Kriegsgefahr beschleunigt Gertrud Bodenwiesers Abreise aus Südamerika. Im August 1939 kommen sie und ihre Schülerinnen in Sydney an. Nachdem Großbritannien Deutschland den Krieg erklärt, sind die Bodenwieserinnen dankbar, in Australien nicht als „feindliche Ausländerinnen“ eingestuft zu werden. Das „Bodenwieser Viennese Ballet“ tourt auch in der neuen Welt mit großem Erfolg. Als in Bodenwiesers Studio in Sydney ein Brand ausbricht und sie es mehrere Monate nicht betreten kann, schreibt sie an eine Freundin: „ ... ich habe schon schlimmere Tragödien überlebt, und, Shoney, es hätte dich überrascht zu sehen, wie ‚britisch‘ ich mich benommen habe. Ich war ganz ruhig und habe keine österreichische Szene gemacht.“

Beim Einmarsch der Nazis 1938 hofft Hilde Holger zunächst noch, in Wien bleiben zu können – trotz Schulschließung und Auftrittsverbot. Sechs Monate unterrichtet sie heimlich im Atelier eines Freundes, das im Hinterhof eines Warenhauses liegt und von der Straße nicht zu sehen ist. Sie macht einen Heilmassagekurs, um mit dem Diplom in der Tasche finanziell über die Runden zu kommen. Aber sie muss erkennen: ihre Situation als Jüdin ist lebensbedrohlich. In letzter Minute verschafft ein Bekannter ihr ein Visum für Indien. Zwei Koffer mit Kostümen, Büchern und Noten kann sie mitschleppen, Familie, Freundinnen und Freunde bleiben zurück – sie wird sie nie wiedersehen.

Jüdinnen und Juden warten vor einem Wiener Polizeikommissariat auf ihre Pässe.

In Indien nimmt sie ihre künstlerische Arbeit wieder auf. Nach der russischen Tänzerin Anna Pawlowa ist sie die zweite Europäerin, die dort auf der Bühne steht. Doch der Bruch mit dem, was das indische Publikum unter Tanz versteht, ist zu radikal, zu modern. Als sie für ihr „Hilde Holger Dance Studio" in Bombay inseriert, kommen zunächst nur Männer. „Die haben gedacht, es sei ein Bordell. Sie wollten nicht glauben, daß es eine Tanzschule ist." Sie bringt ein Schild an: „For ladies only", und „da sind diese Männer gottseidank ausgeblieben". Hilde Holger heiratet, bekommt eine Tochter, und sie erlebt 1947 die Unabhängigkeit Indiens. Doch die gewalttätigen Glaubenskämpfe zwischen Moslems und Hindus bewegen die Familie schließlich zur Ausreise. Sie entscheidet sich für England, wo sie im September 1948 mit dem Schiff ankommt.

DAS STEPPENPFERD

Soloauftritt Gertrud Kraus.

Die letzten Tage im April 1931 sind ziemlich heiß. Theaterdirektor Guriatchikow schwitzt heftig in seinem Anzug, als er im Hafen von Jaffa wartet, um die Wiener Tänzerin Gertrud Kraus in Empfang zu nehmen. Er hat die berühmte Künstlerin noch nie gesehen. Aber ihr internationaler Ruf und die Kritikerurteile haben ihm genügt, um die 28-Jährige per Vertrag nach Palästina einzuladen. Als Gentleman alter Schule will er sie persönlich mit einem Strauß Rosen willkommen heißen. Aber keine der Damen, die das Schiff verlassen, entspricht seiner Vorstellung von der großen Tänzerin.

Gertrud Kraus sucht derweil auf dem Kai nach ihrem Impresario – und beschließt, dass es der Herr mit den Rosen im weißen Anzug sein muss. Sie rückt ihre schwarze Baskenmütze zurecht, bindet ihr Halstuch fester und geht zu ihm.

‚Verzeihung, sind Sie vielleicht …'

‚Entschuldigen Sie, ich habe keine Zeit, ich warte auf eine berühmte Tänzerin', antwortet der Herr etwas brüsk.

‚Ich bin Gertrud Kraus', sagt sie.

„Er erwartete eine große, hinreißend schöne Frau und schluckte, als er auf mich herunterschaute. Er war sicher, dass er pleite gehen würde wegen leerer Vorstellungen – wie sollte wegen mir auch nur eine Eintrittskarte verkauft werden?“[12]

Die Sorge des Impresarios ist unbegründet. Sechzehnmal tanzt Gertrud Kraus in ausverkauften Hallen, manchmal vor mehr als fünftausend Zuschauerinnen und Zuschauern. Es ist die erste ihrer vier Tourneen durch Israel, das damals noch Palästina heißt. Als sie 1935 wiederkommt, um für immer zu bleiben, bezeichnet sie das als ihre zweite Geburt.

Gertrud Kraus ist die erste prominente Wienerin des Modernen Tanzes, die das politische Klima der dreißiger Jahre in ihrer Heimatstadt nicht mehr aushält. „Freunde, mit denen man jahrelang in Kaffeehäusern gesessen hatte, wurden in politischen Diskussionen unerträglich. Der eine wurde Kommunist, der andere Nazi.“[13] In dem antisemitischen Wien sieht sie für ihre sozialkritischen und zionistischen Themen keinen Ort mehr.

Ihr offizielles Debüt als Tänzerin gibt Gertrud Kraus 1924 in der Wiener Hofburg. Zuvor hat sie an der Staatsakademie für Musik und darstellende Kunst Klavier studiert und als Pianistin den Tanzunterricht der kühlen und intellektuellen Ellinor Tordis begleitet. Als diese eines Tages am Ende der Stunde ihre Schülerinnen wie immer fragt, ob eine ihre eigenen Kompositionen zeigen möchte, springt Gertrud vom Klavierhocker auf, schleudert ihre Schuhe von sich und führt ihr erstes Solo vor. Es folgt ein verblüfftes Schweigen der Zuschauerinnen. Als Gertrud es nicht mehr aushält, packt sie ihre Noten zusammen und geht Richtung Ausgang.

‚Warten Sie! Das war sehr interessant! Ich möchte gern darüber sprechen‘, ruft die Tanzlehrerin.

‚Tut mir Leid, die Pause war zu lang‘, erwidert Gertrud und geht.

Sie meldet sich zum Tanzunterricht bei Gertrud Bodenwieser in der Staatsakademie an. Schon bald wird die quirlige Dunkelhaarige in Bodenwiesers Tanzgruppe aufgenommen. Aber die Choreografien dort sind nicht nach ihrem Geschmack, sie findet sie zu extravagant, zu theatralisch. Und sie passt wohl auch nicht so recht in die Bodenwieser-Gruppe. „Das Steppenpferd" wird sie von ihren Kolleginnen genannt, deren Chefin ihre Tänzerinnen auch immer nach äußeren Kriterien aussucht: groß, schlank und gut aussehend müssen die Bodenwieser-Mädels sein.

„Der Tod und das Mädchen", Choreografie von Gertrud Kraus.

Gertrud Kraus verlässt die Gruppe und bereitet ihren ersten Soloauftritt vor. Dafür riskiert sie all ihre Ersparnisse und mietet einen der größten Konzertsäle Wiens in der Hofburg. Warnungen der Freundinnen entgegnet sie: „Wenn es ein Fiasko wird, soll es ein spektakuläres sein!" Es wird ein spektakulärer Erfolg. Die unbekannte Tänzerin wird über Nacht eine anerkannte Künstlerin.

1927 eröffnet die 24-Jährige in der Mariahilferstraße ein eigenes Tanzstudio und gründet ihre „Tanzgruppe Gertrud Kraus". Sie will nicht immer nur solo tanzen, sondern auch choreografieren. Zu unterrichten bietet außerdem die Möglichkeit, von der Kunst zu leben – auch wenn es in Wien bereits unzählige Tanzschulen gibt. Lotti Huber, eine der späteren Schülerinnen Gertruds in Palästina, tanzt zu dieser Zeit noch in Berlin.

> „Es war eine wundervolle Zeit, eine Zeit des Aufbruchs im Tanz. Isadora Duncan, die große amerikanische Tänzerin, war unser Idol. Warum sollten wir uns quälen mit albernen Tutus,

> warum mit Röschen und Schleifen dekoriert herumtrippeln? Wir waren jung, fühlten uns stark, waren stolz auf unseren Körper, während die Generation vor uns körperscheu war und sich ihrer Nacktheit schämte. Der große Weltkrieg hatte Schluss gemacht mit allen alten, verstaubten Prinzipien … Befreit von den Vorurteilen unserer Eltern, verstanden wir nicht, warum der Po eines Menschen unanständiger sein sollte als sein Kopf."[14]

Gertrud Kraus ist mit ihren Produktionen bald bekannt als „die sozialkritische Tänzerin". Ihre Auftritte brächten ein gesellschaftliches Problem zum Ausdruck, urteilen die einen. Kraus sei aufregend mit merkwürdig dunkler Leidenschaft, meinen andere Kritiker. Sie sehen in ihr die Inkarnation einer alten Tempeltänzerin: „Einst war sie Priesterin am Grab von Tutanchamun, heute verdient sie ihren Unterhalt mit Tanzen."[15]

Der seltsame Gast heißt einer ihrer ersten Solotänze um einen dämonischen Geiger, eine Art Paganini, zur Musik von Pablo de Sarasates Zigeunerweisen. Sie kreiert diese Figur aus dem Gefühl der Ausgrenzung heraus – anwesend zu sein, aber nicht erwünscht. *Der müde Tod* ist ein sarkastischer Kommentar zum vierjährigen Massaker des Ersten Weltkrieges. Der in Lila gekleidete Tod ist erschöpft und weigert sich, noch mehr Menschenleben zu vernichten. Die Kritiken sind schon in dieser frühen Zeit nahezu hymnisch.

> „Voll Leidenschaft wirft sie die tänzerischen Gestaltungen ihrer sturmgepeitschten Seele auf die Bühne, voll glühendster Sehnsucht reißt sie die Tore ihres Könnens auf. Aufpeitschend ist ihre Kunst, Wunden reißend, gebieterisch ihr Verlangen in Schauer die Qualen einer fremden und doch, ach! so verwandten Seele mitzufühlen. Was sie in ihrer Produktion ‚Straße' oder in ‚Seltsamer Gast' atemberaubend dem Publikum darbot, war schöpferische Meisterleistung. Klar und eindeutig ist ihre Fähigkeit zur Formgebung. Klar und eindeutig die Gewalt ihrer Kunst … "[16]

„Der jüdische Knabe": Gertrud Kraus.

Nächtelang diskutiert Gertrud mit befreundeten Künstlerinnen und Künstlern die politische Situation in Österreich, wo sich sozialistische und nationalistische Gruppen in den späten zwanziger Jahren bewaffnete Straßenkämpfe liefern. Als Sozialistin engagiert sich die Tänzerin für die Belange der Arbeiterschaft. 1929 arbeitet sie als Assistentin von Rudolf von Laban in Wien bei der Inszenierung des jährlichen Festumzuges der Gewerkschaften, an dem Dutzende von Tanzgruppen teilnehmen.

1930 findet in München der Deutsche Tänzerkongress statt. Über 1400 Tänzerinnen und Tänzer, Choreografinnen und Ballettmeister aus aller Welt – alles was in der Szene Rang und Namen hat, ist hier vertreten. Der Kongress wird das größte und ambitionierteste Ereignis des Modernen Tanzes. Als „der erfreulichste Auftritt" wird Gertrud Kraus mit ihrem mutigen Tanzzyklus *Ghettolieder* gefeiert. „ ... ich erlebte das größte rhythmische Glück seit vielen tausend Jahren. Ich sah die Tanzgruppe Gertrud Kraus aus Wien Ghettolieder tanzen, davon wurde das Herz schwer und feierlich, so schön bewegte sich der Traum von Klage und Zuversicht", heißt es in Fred Hildenbrandts Kritik im *Berliner Tageblatt*.[17] Nicht nur ihre Bühnenauftritte hinterlassen großen Eindruck beim Publikum. Auch ihre Schülerinnen und Schüler sind begeistert von ihrer Dynamik und ihrer Fähigkeit, den Begriff „Ausdruckstanz" im wortwörtlichen Sinne zu verkörpern. „Mit Kraus entdeckte ich unendliche Möglichkeiten des Ausdrucks und kreativer Freiheit im Tanz", erinnert sich die Tänzerin Mia Slavenska, die für ihren Unterricht bei Gertrud Kraus regelmäßig aus Paris nach Wien kommt. Gertrud begleitet ihren Unterricht stets selbst am Piano, eine Meisterin der Improvisation, und wechselt dabei immer blitzschnell zwischen Klavierhocker und Tanzboden, um den Schülerinnen und Schülern eine bestimmte Form vorzutanzen.

> „Nach drei Stunden Unterricht – immer aufregend und in atemberaubendem Tempo – waren wir Tänzer erschöpft, aber Gertrud wollte immer noch mehr aus uns herausholen und uns fordern, indem sie uns in Diskussionen über Modernen Tanz, Ballett oder Theater zog.“[18]

Eine ihrer letzten Choreografien, die sie vor ihrer Auswanderung nach Palästina in Wien herausbringt, ist *Die Stadt wartet,* nach einer Kurzgeschichte von Maxim Gorki. Das Stück wird im März 1933 im Wiener Schlossgarten aufgeführt, genau an dem Tag, als Hitler in Berlin zum Reichskanzler gewählt wird. Ein bemerkenswertes Zusammentreffen – geht es in dem Stück doch um die sozialen Gegensätze in einer Großstadt und die Frage, was die Zukunft wohl bringen mag. Die Kraus-Gruppe geht mit dem Stück für mehrere Monate auf Tournee – in Deutschland. Hier ist ihre politische Einstellung natürlich bekannt und so werden ihre Aufführungen auch aufmerksam von den Nazis verfolgt. Obwohl die Abende immer mit tosendem Applaus enden, wird die nervliche Belastung von Mal zu Mal unerträglicher. Gertrud weiß, dass sie diesen Teil der Welt verlassen muss, will sie ihr Leben retten. „Ich kam zurück nach Wien, aber kurz darauf schickte ich ein Telegramm, um ein Visum für Palästina zu beantragen. Ich wollte Europa nur hinter mir lassen.“[19]

Als „Revolutionärin des Modernen Tanzes“ wird Gertrud Kraus in Palästina gefeiert. In einer gemieteten Wohnung in Tel Aviv eröffnet sie 1935 ihr neues Studio, Arbeits- und zugleich Wohnstätte. Am Konservatorium für Musik in Jerusalem leitet sie die Tanzausbildung. Ihre ersten Schülerinnen sind Tänzerinnen, die wie sie aus Europa geflüchtet sind. So auch Lotti Huber, die 1988 im hohen Alter durch ihre Hauptrolle in Rosa von Praunheims Film *Anita – Tänze des Lasters* zur schrillen Kultfigur avanciert. Die Tanzkarriere

der jungen Lotti wird 1937 von den Nazis unterbrochen, die sie im KZ Lichtenburg internieren. Durch Vermittlung einer jüdischen Organisation wird sie freigelassen, emigriert nach Palästina und wird dort Schülerin bei der von ihr verehrten Wiener Künstlerin. Bald ist sie deren Liebling. „Gertrud Kraus nahm mich immer zu allen Veranstaltungen mit, in Konzerte, zu Vorträgen, ins Theater. Sie kannte jeden, und jeder kannte sie. Tatsächlich war sie im ganzen Land eine Berühmtheit."[20]

1951 initiiert Gertrud Kraus mit Freunden und Freundinnen – unter ihnen auch ihre Lebenspartnerin Else Scharf – das Israel Ballet Theatre, einen Zusammenschluss aller in Palästina lebenden Tänzerinnen und Tänzer. Bis 1973 unterrichtet sie noch in ihrem Studio und als Professorin an der Rubin-Akademie in Jerusalem, widmet sich aber zunehmend der Malerei und Bildhauerei. Als ihre dritte Geburt bezeichnet sie diese Wende in ihrer künstlerischen Laufbahn.

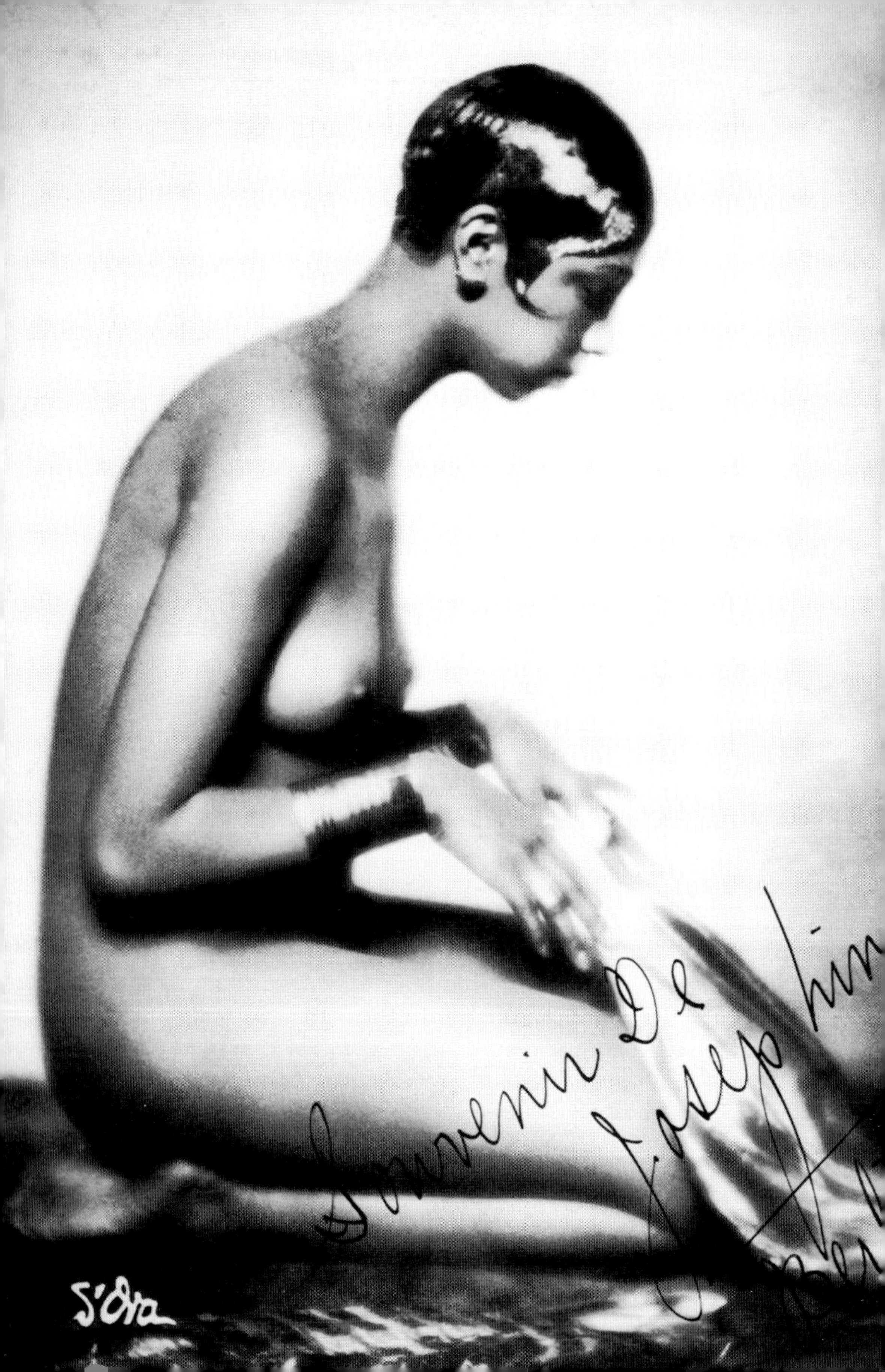
Souvenir De
d'Ora

DIE STAR-FOTOGRAFINNEN

„SCHAUEN UND IMMER WIEDER SCHAUEN ..."

> „Ich war begierig, sie kennenzulernen, denn in der Familie galt sie als unnahbar. Sie trug Kleider ihrer Freundin Coco Chanel, war sehr kapriziös und verschmähte die Steaks, die wir uns bestellten. Sie aß nur ‚Früchte des Meeres', Austern, Hummer, Kaviar, und trank Champagner dazu. Jedermann schien sie zu kennen, die Kellner steckten ihr beim Weggehen diskret ein Paket mit Knochen für ihre Hunde zu."[1]

Die junge Verwandte ist fasziniert von ihrer ersten Begegnung mit Dora Kallmus, dieser extravaganten Tante im Paris der zwanziger Jahre. In der Rue Flachard im 17. Arrondissement hat Dora gerade ihr zweites Fotoatelier eröffnet. Paris wird nun ihr Hauptwohnsitz. Mit 44 Jahren startet sie ihre zweite Karriere. Das Kapitel Wien ist für sie 1925 – fast – beendet. Aus ihrem Atelier hat sie nur ein paar Kleinigkeiten mit nach Frankreich genommen, Geschirr und Nippes, aber auch ein Gemälde der bekannten Malerin Tina Blau, die sie zehn Jahre zuvor porträtiert hat. Und natürlich muss „Miss Penny" mit, ihr kleiner Yorkshireterrier.

Prominenten-Porträts: dafür ist das Atelier der Madame d'Ora – wie sich Dora Kallmus seit 1908 nennt – in der Wipplingerstraße im ersten Wiener Bezirk berühmt. Schauspielerinnen und Schauspieler, Sängerinnen, Tänzerin-

LINKS **Josephine Baker, fotografiert von Madame d'Ora, 1928.**

Dora Kallmus mit „Miss Penny", um 1925.

nen, die Größen aus Kunst, Wissenschaft und Presse kommen zu ihr, aber auch zahlreiche Kundinnen und Kunden aus wohlhabenden bürgerlichen Kreisen. Sie ist die Gesellschaftsfotografin par excellence. „Wer konnte, ging zu d'Ora. Wer konnte: das heißt, wer ihr gefiel und wen sie empfing." Die Tänzerin Elsie Altmann-Loos muss es wissen, denn sie ist Anfang der zwanziger Jahre Stammkundin bei d'Ora.

„‚Elsie' – d'Oras Stimme klingt am Telefon –, hast du viel zu tun? Ich bin nämlich den ganzen Tag frei und habe große Lust, etwas Schönes zu machen. Kannst du kommen?' Und schon bin ich bei ihr, mit einem Handkoffer voll Kostümen ... sie lacht, sie ist gut gelaunt. Sie ist klein und zierlich, gar nicht hübsch, aber ihre Persönlichkeit ist so stark, daß niemand auch nur auf die Idee käme, Schönheit bei ihr zu vermissen. Ihr Auftreten, ihre freudige Sicherheit überwältigen. ‚Da bist du endlich, mein Schatz', sagt sie, beutelt mich bei den Haaren und küßt mich auf die Nase. Dann wühlen wir im Kostümkoffer herum: ‚Das', sagt sie, ‚das zieh an.' Dann sitze ich ruhig da – oder stehe und schaue hin, wo ich will und sie hüpft um ihren großen Photoapparat herum, guckt hinein, wechselt die Platte, spricht über alles Mögliche, lacht und ist stets gut aufgelegt. Trotz der schlechten Zei-

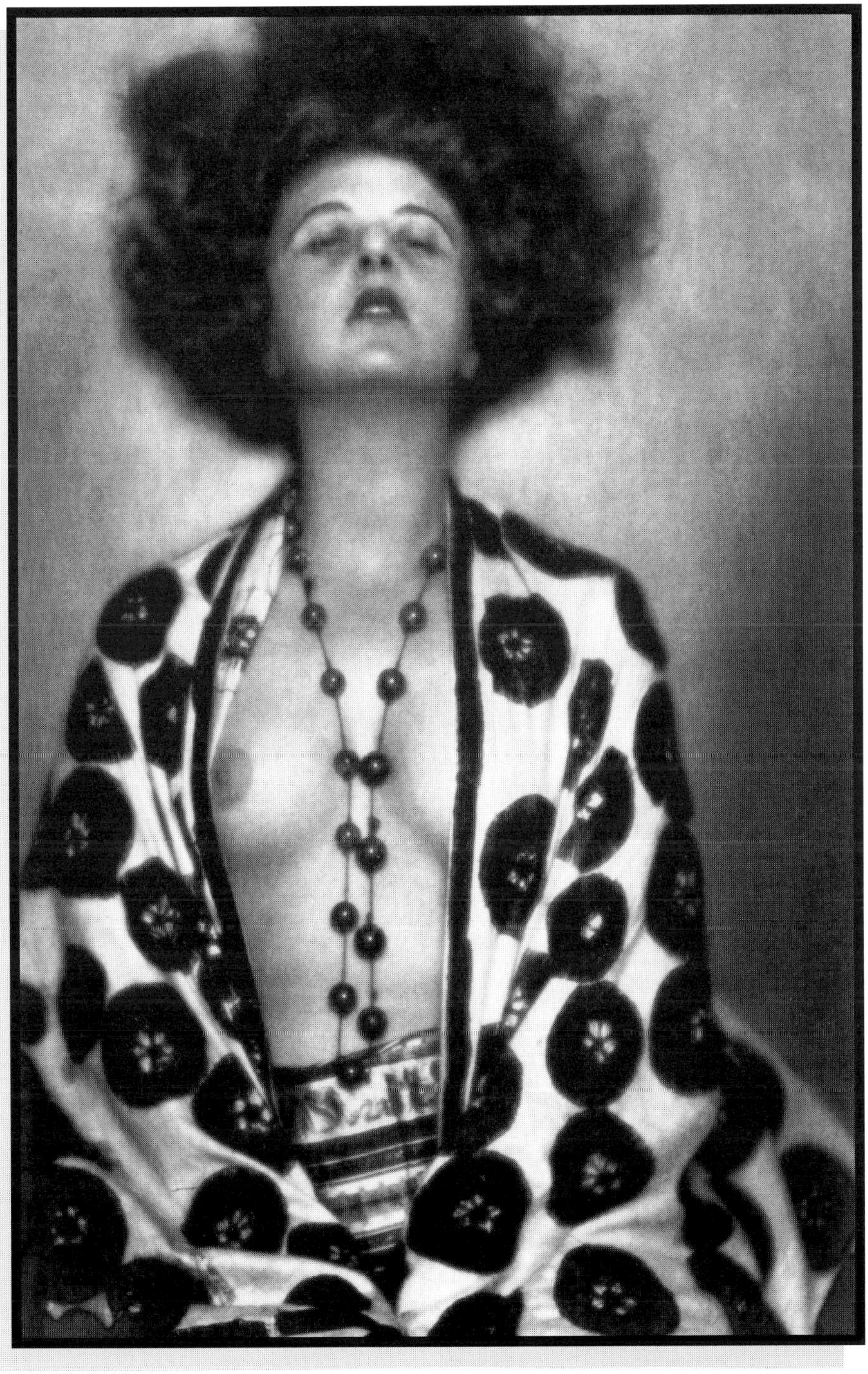

Stammkundin im Atelier d'Ora: die Tänzerin Elsie Altmann-Loos, 1923.

> ten … Und während man denkt, das wären alles nur Vorbereitungen zum Photographiertwerden, bist du schon längst konterfeit. Xmal hat sie geknipst und du hast es nicht gemerkt. ‚Steige herab von deinem Thron', sagt sie, ‚jetzt werden wir Café trinken.'"[2]

Eine „Dompteuse" sei sie, heißt es in Wien, „keinen Augenblick läßt sie das Opfer aus dem Feuerwerk ihrer Konversation, einer wienerischen, keinen Ernst aufkommenlassenden Beredsamkeit." Normalerweise herrscht in ihrem Atelier eine klare Arbeitsteilung. Dora hat die Regie, bestimmt die Beleuchtung, unterzieht die Kleidung ihrer Kundschaft einer strengen Kritik, entscheidet, ob das Foto mit Hut oder ohne aufgenommen wird, drapiert Schleier, Tücher oder Pelze um das Modell, lässt Schmuck an- oder ablegen, staffiert die Kundinnen vielleicht noch mit Blumen aus – und verwickelt sie die ganze Zeit über in ein anregendes, lebhaftes Gespräch. Die Zeichen, die sie derweil mit ihrem Assistenten wechselt, bleiben von der Kundin unbemerkt. Arthur Bendas Aufgabe ist es, im richtigen Moment auf den Gummiball zu drücken, den Auslöser der großen Atelier-Kamera. Die Übereinstimmung zwischen der Regisseurin und ihrem „Operateur" funktioniert perfekt. Dora Kallmus und Arthur Benda sind in der Zeit ihres gemeinsamen Schaffens bis 1925 ein kongeniales Paar.

Kennen gelernt haben sie sich im Berliner Atelier von Nicola Perscheid, dem Meister des Porträts, bei dem Dora 1907 ein Praktikum macht. Eigentlich hat sie, Tochter aus großbürgerlichem Haus, Schauspielerin werden wollen. Doch Vater und Großmutter, die sie und ihre Schwester Anna nach dem frühen Tod der Mutter erziehen, sind dagegen. So erwägt sie den Beruf der Modistin, entscheidet sich dann jedoch für die Fotografie. Aber das ist zu Beginn des 20. Jahrhunderts für Frauen gar nicht so einfach. Die Ausbildung an der Lehr- und Versuchsanstalt für Photographie und Reproduktionsverfahren in Wien ist ihnen noch verwehrt. Frauen und Technik, und dann noch in der Dunkelkammer? Unvorstellbar! Unschicklich! Immerhin darf Dora per Sondererlaubnis die Theoriekurse belegen.

> „Man fand es genügend, mir als allererster Frau Zutritt zu den Vorträgen gestattet zu haben und hielt die chemischen Reagenzien von mir fern, als wären sie unanständige Witze.“[3]

Praxiserfahrung muss sie also woanders sammeln. Die Photographische Gesellschaft, die vor allem die Interessen der Berufsfotografen wahrnimmt, bietet ihr endlich die Chance. Wiederum mit Ausnahmegenehmigung wird sie 1905 dort aufgenommen – natürlich als erste Frau. Die anschließende Kurzausbildung bei Perscheid beendet sie nach fünf Monaten, obwohl der Meister seine begabte Schülerin gern als Mitarbeiterin behielte. Dora jedoch hat genug vom Kopieren, will sich weder unterordnen noch der Launenhaftigkeit ihres Lehrers weiter aussetzen, dem insbesondere die Eitelkeiten seiner weiblichen Kundschaft auf die Nerven gehen:

> „Er, Gegner der Retouche, also revolutionär für damalige Zeiten, begnügte sich, der jeweiligen Dame ein wenig die ‚Suppe‘, so nannte er das Doppelkinn, mit dem Retouchiermesser wegzuschaben, aber leider genügte das dem Modell nicht. Die Frauen waren damals recht dick, waren unmäßig im Essen und wollten im Bild elfenhaft schlank erscheinen. Diese Dummheiten machten Perscheid ungeduldig ...“[4]

Sie lernt immens viel bei ihm, geht im Sommer 1907 von Berlin zurück nach Wien und gründet ihr eigenes Atelier. Und sein bestes Stück hat sie mitgenommen: Arthur Benda, Perscheids Assistenten, den exzellenten Techniker.

Dora ist 26, Arthur erst 22 Jahre alt, als sie das Atelier d'Ora im Wiener Stadtzentrum eröffnet. In fotografischen Betrieben verdienen zwar viele Frauen ihren Lebensunterhalt als Hilfskräfte, dass sich jedoch eine Frau aus dem Großbürgertum als Unternehmerin selbständig macht, ist die Ausnahme. Selbstbewusstsein und Geschäftstüchtigkeit sind also gefragt, und von beidem hat Dora eine gehörige Portion. Unterstützt durch die vielfältigen Beziehungen ihrer Familie und ihres Freundes- und Bekanntenkreises aus der jüdischen Intelligenz ist das Atelier sehr bald erfolgreich. Die Schriftsteller Karl Kraus und Arthur Schnitzler, die Hotelbesitzerin Anna Sacher, der Maler Gustav Klimt und die Modistin Emilie Flöge, seine Partnerin, lassen sich dort fotografieren. Auch die Journalistin Berta Zuckerkandl, in deren Salon sich die Wiener Gesellschaft trifft, kommt von Beginn an häufig zu ihr und vermittelt weitere Kontakte zu Künstlerinnen, Künstlern und Persönlichkeiten des öffentlichen Lebens. Spätestens seit 1909, als der renommierte Kunstsalon Heller ihre Fotos ausstellt und die avantgardistische Kunstzeitschrift *Erdgeist* ihr ein Schwerpunktheft widmet, ist es schick, sich bei d'Ora fotografieren zu lassen.

Sie arbeitet künstlerisch auf höchstem Niveau, revolutioniert aber keineswegs das Gewerbe. Als Besitzerin eines kommerziellen Ateliers nimmt sie Rücksicht auf den Geschmack ihres bürgerlichen Publikums, das keine künstlerischen Experimente will. Den Wunsch der Kundschaft nach repräsentativer Darstellung verknüpft Dora Kallmus jedoch mit dem jeweils Individuellen, Charakteristischen eines Modells, das sie in den Posen durchschimmern lässt:

> „Irgend eine Bewegung, irgend ein Faltenwurf, irgend eine Laune, eine Stimmung, irgend ein Ausdruck des Modells, irgend etwas, das einen Charakterzug klar in Erscheinung treten läßt."[5]

Denn eines hat sie bei Perscheid vor allem gelernt: „Schauen, und wieder schauen."

Mode, Theater und Tanz sind bis Ende der dreißiger Jahre Doras Themen. Zu ihren ersten Modefotos gehören Aufnahmen von Emilie Flöge – der „Coco Chanel Wiens" – in von Gustav Klimt entworfenen Kleidern. Der Salon Flöge an der Mariahilfer Straße ist vor dem Ersten Weltkrieg die Adresse Nummer eins in Sachen moderne Mode. Die Schwestern Flöge verbinden deutsches Gesundheitsbewusstsein mit französischem Charme und kreieren eine Melange, die die Wienerinnen von eng gezurrten Fischbeinkorsetts und diversen Unterröcken ebenso befreit wie von den unhygienischen, schweren Kleiderschleppen, Wagenradhüten und viel zu engen Schuhen, die jeden Spaziergang zur Tortur machen. „Reformkleidung" ist das Stichwort, das insbesondere die Modesalons der Wiener Werkstätte aufgreifen. In deren Auftrag macht d'Ora viele Aufnahmen, die zunächst nur für den internen Ge-

Schon früh steigt Madame d'Ora in die Modefotografie ein.
Modell der Wiener Werkstätte, 1921.

brauch der Salons gedacht sind. Der große Boom der Modefotografie setzt um 1920 ein, als die Zeichnungen und Skizzen der ausgestatteten Modelle in Zeitschriften nach und nach durch Fotos ersetzt werden. Fototechnik und Materialien verfeinern sich beständig. In Wien eröffnen jetzt immer mehr junge Frauen ihre Fotoateliers, wie Edith Barakovich und Edith Glogau, die ihre Lehrzeit zum größten Teil bei d'Ora gemacht haben, Trude Geiringer und Dora Horovitz sowie auch Trude Fleischmann, die mit Aufsehen erregenden Aktfotos bekannt wird.

Modefotos aus dem Salon d'Ora werden bereits 1917 veröffentlicht. Sehr früh hat Dora Kontakte zu den Bildredaktionen verschiedener Zeitungen, so dass sie von der rasanten Entwicklung der illustrierten Presse von Beginn an profitiert. In der Berliner Woche erscheinen schon 1914 Fotoserien von d'Ora über „Die Wienerin" oder „Österreichische Aristokratinnen". Die Aristokratie beschert ihr 1916 den größten Auftrag ihrer Laufbahn: die Krönung Kaiser Karls zum König von Ungarn, bei der d'Ora den Pomp der untergehenden Monarchie dokumentiert. Die Fotos finden offensichtlich Gefallen, denn ein Jahr später lässt sich die kaiserliche Familie in der Wipplingerstraße porträtieren.

Kontaktpflege, Werbung und Marketing – in diesen Dingen ist Dora Meisterin. Denn was nützen technisch perfekte Fotos, die kein Mensch kauft? Ein wichtiger Kunde ist das *Magazin Metropol* nahe der Hofburg, das auf den Verkauf von Schauspielerporträts spezialisiert ist, wie sie auch d'Ora in großen Mengen herstellt. Diese Starschnitte im Postkartenformat sind begehrte Sammelobjekte im theaterverrückten Wien. Auch Doras lebenslange Verbundenheit mit der Bühne, ihre Freundschaft mit vielen Schauspielerinnen und Schauspielern dokumentiert sich hier. Maria Jeritza, Fritzi Massary, Ida Roland oder Publikumsliebling Alexander Girardi holt sie häufig vor die Linse. „Sie will nicht nur gute Bilder machen, sondern Schönheit oder Charakter entdecken. Das ist bei den meisten Männern unserer Zeit nicht so leicht", heißt es 1929 in der Berliner Zeitschrift *Die Dame.*

Doras Theater- und Tanzaufnahmen spiegeln deutlich den sich wandelnden Stil in jenen Jahren: von der „klassischen" Pose zur „expressiven"

Haltung. Der Ausdruckstanz ist in den zwanziger Jahren der Hit und mit Protagonistinnen wie Mary Wigman oder Gertrud Bodenwieser das Symbol für die unabhängige, selbstbewusste Frau. Erste Tanzaufnahmen macht die „Suffragette der Fotografie" 1915. Anfangs nehmen die Modelle in Doras Atelier noch einstudierte Posen ein, erst ab 1920 ist es technisch möglich, auch die Spontaneität und Unmittelbarkeit der Tänzerinnen einzufangen. Im November 1922 tritt im Konzerthaussaal von Wien Anita Berber auf, über die Klaus Mann einmal sagt, sie tanze „den Koitus". Zu Musik von Beethoven, Tschaikowsky und Rachmaninoff tanzen sie und ihr Partner Sebastian Droste skandalträchtige Themen wie *Kokain, Märtyrer* oder *Selbstmörder.* Kurz darauf erscheint dazu ein Buch mit Fotos von Madame d'Ora: *Die Tänze des Lasters, des Grauens und der Ekstase.*

Zwischen 1921 und 1926 verlegt d'Ora ihr Atelier in den Sommermonaten nach Karlsbad. Auch andere Wiener Fotostudios führen in dem eleganten Kurort mit internationalem Publikum im Juli und August Zweigstellen. In Wien ist die Nachkriegszeit spürbar. Das einstige Zentrum einer Weltmacht ist nun Hauptstadt eines kleinen und verarmten Landes. Da hat die Durchschnittsbevölkerung andere Sorgen als teure Konterfeis von sich anfertigen zu lassen. Obwohl die Preise des Ateliers d'Ora die höchsten der Stadt sind, leidet sie allerdings kaum unter Auftragsmangel, da die Schauspiel- und Tanzszene mehr noch als vorher zu ihr kommt. Die illustre französische Kundschaft in ihrem Karlsbader Atelier bringt Dora auf die Idee, auch in Paris zu arbeiten. Nach einem dreimonatigen Arbeitsaufenthalt in der französischen Hauptstadt steht ihr Entschluss fest: Ein Atelier muss her. 1925 eröffnet sie mit Arthur Benda die Räume in der Rue Flachard. Aber bald kommt es zum Bruch zwischen den beiden. Benda führt das Atelier in Wien allein weiter und Dora bleibt in Paris. Sie fühlt sich dort ausgesprochen wohl, Wien ist ihr schon lange zu provinziell.

> „Niemals wurde mir in Paris die Frage gestellt, welche ich in Wien beinahe täglich zu hören bekam: ‚Warum sind Sie so teuer?' In dem ‚Warum' liegt das Armutszeugnis des Wiener Kunstverständnisses ... Der Franzose, der übrigens kein Freund

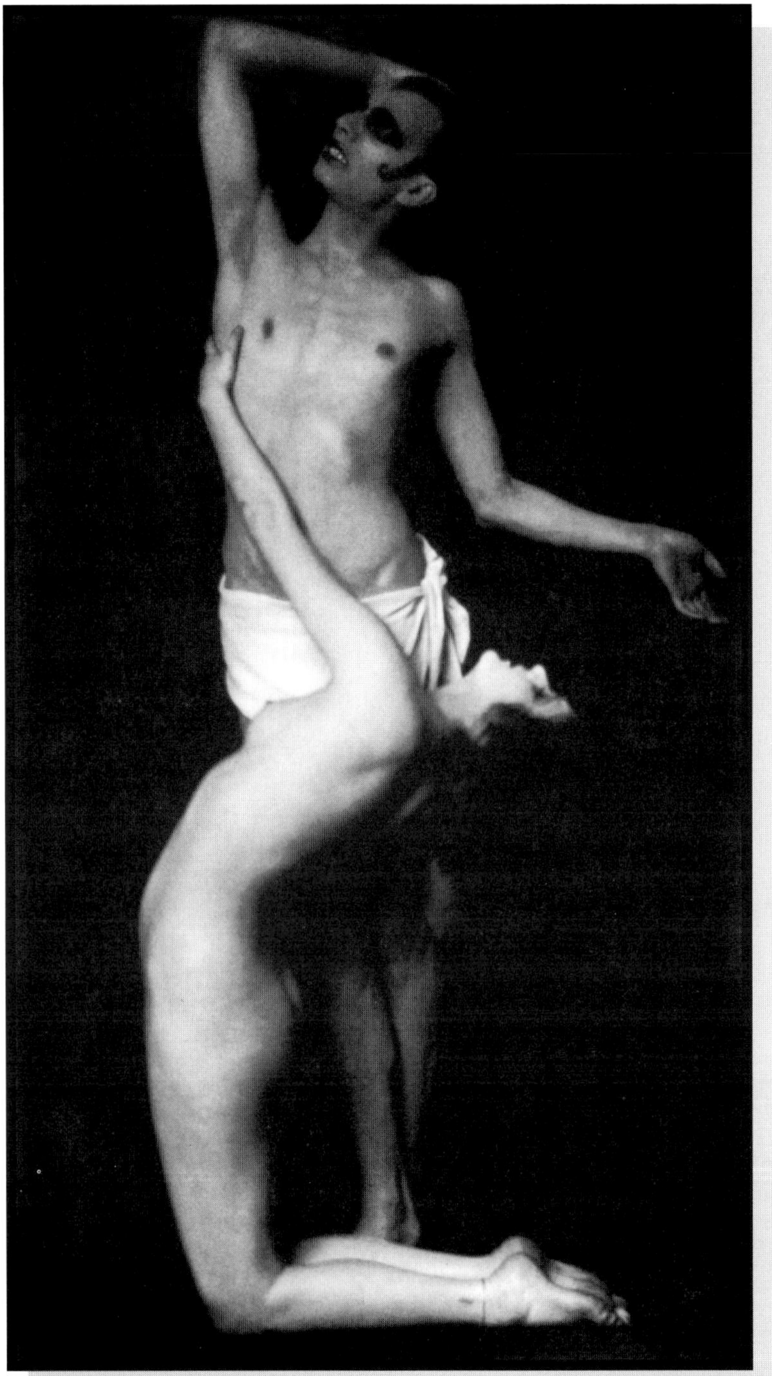

Anita Berber und Sebastian Droste in ihrem Tanz „Märtyrer“, 1922.

von Geldausgaben ist, konstatiert gleichfalls, daß ich teuer sei, aber niemals fragte er ‚Warum?' Denn er ist ein Qualitätskenner."[6]

Markenzeichen des Pariser Ateliers.

Neben ihrer rastlosen Tätigkeit gönnt sich Dora kaum ein Vergnügen, höchstens mal einen Theaterbesuch oder eine Ausstellung. Sie steht früh auf, geht früh zu Bett und legt Wert darauf, ganz regelmäßig zu arbeiten – oft zehn bis zwölf Stunden am Tag –, weil dies ihrer Meinung nach Voraussetzung ist für gelungene Bilder, ihre „Fotokinder". Die guten Beziehungen zu internationalen Zeitschriften baut sie in Paris aus, arbeitet weiter in großem Umfang für die Modeindustrie, deren unbestrittenes Zentrum die französische Metropole ist, erhöht die Preise ihrer Fotos. Der schnelle und anhaltende Erfolg von „d'Ora Paris" ist umso überraschender, als sich hier im Laufe der zwanziger Jahre einige ihrer bekannten Kolleginnen und Kollegen niederlassen, die zum Teil den gleichen Kundenkreis bedienen: Man Ray, aus dessen Umfeld sich Dora häufig ihre Assistenten sucht, Germaine Krull, Florence Henri oder Berenice Abbott. Doras Stil verändert sich parallel zum Mainstream in Mode und Kunst. Ihre Bilder werden weicher, lassen die Konturen zerfließen. Sie haben jetzt etwas Glitzerndes, Theatralisches, zeigen oft ein beliebtes Klischee dieser Zeit: den dämonischen Vamp. Wie in Wien kommt sie auch hier beruflich und privat mit Frauen zusammen, für die der Beruf im Mittelpunkt steht: die Malerin Tamara de Lempicka, die Modeschöpferin Coco Chanel, die Schriftstellerin Colette.

Nach dem Einmarsch der deutschen Armee in Frankreich verkauft Dora 1940 ihr Atelier. Ihre Schwester Anna, mit der sie bis zu ihrem Umzug nach Paris zusammengelebt hat, wird aus Wien deportiert und stirbt im Konzentrationslager. Bis zum Ende des Krieges versteckt sich Dora Kallmus in einem Kloster in der südfranzösischen Provinz Ardèche.

PRÄDIKAT: ZU ANSTÖSSIG

Den ganzen Tag nur retuschieren dürfen und dann noch der Vorwurf: „Sie sind aber furchtbar langsam!" Das reicht. Trude packt ihre Sachen und kündigt bei Madame d'Ora, nach nur zwei Wochen Lehre. „Ich schrieb ihr einen Brief, daß es mir nicht sehr angenehm wäre, dort zu arbeiten, und sie möge entschuldigen, daß ich nicht mehr komme. So hat's geendet."[7] Und so beginnt die Karriere der Porträt-, Tanz- und Aktfotografin Trude Fleischmann, deren Atelier bis zu ihrer Emigration 1938 Treffpunkt des künstlerischen Wien ist. Ein Semester Kunstgeschichte in Paris, drei Jahre an der Lehr- und Versuchsanstalt für Photographie und Reproduktionsverfahren sowie drei Lehrjahre im Atelier Schiebert nach dem Intermezzo bei d'Ora liegen hinter der 25-Jährigen, als sie mit ihrer Mutter – „eine unerhört kluge Frau" – durch Wien schlendert und Ausschau hält nach geeigneten Räumen für ein eigenes Atelier. In der Nähe des Rathauses, in der Ebendorferstraße, werden sie fündig. Die Miete ist nicht billig, aber Trude hat die volle Unterstützung ihrer gut situierten Familie, insbesondere ihrer Mutter.

Trude Fleischmann, 1927.

Der Erste Weltkrieg ist seit zwei Jahren vorbei, doch die Bevölkerung trägt noch immer schwer an den Folgen. Fotomaterial ist knapp und teuer. Die Konkurrenz weicht im Sommer bereits auf die lukrativeren Kurorte in der benachbarten Tschechoslowakei aus. Nicht gerade der ideale Start für ein Unternehmen. Aber es gibt auch Anzeichen, die Mut machen. Denn zahlreiche Illustrierten schießen in den zwanziger Jahren aus dem Boden, deren Bildredaktionen Fotomaterial brauchen. Da das Medium noch keine lange Tradition hat, nutzen viele künstlerisch und technisch interessierte Frauen diesen Freiraum. Die Zahl der Berufsfotografinnen ist in der Zwischenkriegszeit – nicht nur in Wien – ungewöhnlich hoch. Die meisten bleiben unverheiratet und kinderlos. Auch für Trude Fleischmann ist die Fotografie das Wichtigste im Leben.

> „Sie müssen zu sich selbst finden! Ich gebe Ihnen einen Rat für
> Ihr Leben – handeln Sie danach: Sei, der du bist, nicht mehr
> und nicht weniger, aber der sei vollkommen!"

Mit diesen Worten bedenkt Wiens berühmter Literat Peter Altenberg die junge Trude zu Beginn ihrer Lehrzeit, und sie werden ihr zum Lebensmotto. Ihr Atelier hat mit denen ihrer Kolleginnen und Kollegen wenig gemein. Sie empfängt keine Laufkundschaft, hat nicht das branchenübliche Repertoire an Hochzeits- und Taufbildern. Sie versteht ihre Arbeit als künstlerische Tätigkeit und will zu ihrem Publikum einen persönlichen Kontakt entwickeln. Vertrauen kann sie dabei auf ihren großen Bekannten- und Freundinnenkreis, der für ihren künstlerischen Anspruch Verständnis und Interesse an ihrer Arbeit hat.

Schon bald versammeln sich in ihrem Atelier Prominenzen aus Musik, Theater und Tanz. „Wenn man ein wirklich gutes Tanzphoto haben will, muß man zur Fleischmann gehen", heißt es. Sie dokumentiert den Wiener Tanzboom der zwanziger Jahre, ist selbst begeisterte Besucherin der Vorstellungen. „Ich war eine Verehrerin von der Grete Wiesenthal. Sie war für mich, und ist's noch heute, die beste Tänzerin, die es je gegeben hat. Es war etwas so Selbstverständliches, soviel Natürliches in ihrem Tanz ... Sie war ein Traum! Absolut unglaublich!"[8] Eine besonders enge Beziehung entwickelt sie zum Theater in der Josefstadt, das 1924 unter Max Reinhardt eine Hochblüte erlebt, mit Stars wie Paula Wessely, Helene Thimig, Sybille Binder. Aber auch im Burgtheater, im Deutschen Volkstheater und in der Wiener Oper werden Fleischmanns Porträts sehr geschätzt. Die Begeisterung für die darstellenden Künste, vor allem für ihre Akteurinnen und Akteure, ist bis in die dreißiger Jahre in keiner Stadt Europas so ausgeprägt wie in Wien. Dieser Enthusiasmus geht quer durch alle Gesellschaftsschichten, erfasst auch jene, die nie ein Theater von innen gesehen haben. Bühnenstars sind in Wien weitaus populärer als führende Politiker oder reiche Potentaten. Entsprechend gefragt sind ihre Fotos. Die Aufnahmen aus dem Atelier Fleischmann tauchen bald in den führenden österreichischen, später auch in ausländischen Illustrierten auf. Anders als Dora Kallmus, die feste Verträge mit einigen Zeitschriften hat, arbeitet die jüngere Kollegin nur auf Bestellung. So bewahrt sie sich persönliche Freiheiten und kann weitgehend nach ihren Vorstellungen arbeiten.

Trude Fleischmann ist eine eifrige Besucherin der Vorlesungen und Vorträge von Karl Kraus. Wie dessen Freund Adolf Loos in der Architektur, so führt Kraus in der Sprache einen unerbittlichen Kampf für einen „schnörkellosen" klaren Stil. Diese sachliche und direkte Art des Ausdrucks setzt die Fotografin in ihrem Metier um. Das bedeutet: kein Weichzeichner und keine Manipulation der Bildhintergründe. Ein Stil, der in Österreich zu dieser Zeit ungewöhnlich ist, da die Fotoszene die Elemente der „Neuen Sachlichkeit" noch ablehnt. Zentrales Thema ist für Trude Fleischmann der Mensch und seine Persönlichkeit. Sie sucht ihrem Gegenüber Raum zu geben, um sich seinem Ausdruck anzunähern und ihn sichtbar zu machen. Jedes Foto, das die Individualität nicht fassbar macht, ist für sie ein verlorenes Bild.

> „Manchmal verliebte sie sich in Gesichter, und wenn das geschah, ließ sie so lange nicht locker, bis sie es fotografieren konnte."[9]

Heraus kommen dann oftmals groß angelegte Gesichtsstudien: das Gesicht als einziger Ausdrucksträger. Diese sind eine Neuheit – und werden eine Spezialität von Trude Fleischmann. Der Komponist Alban Berg, ein Freund der

Fotografin, oder auch Grete Wiesenthal, sind dafür wunderbare Objekte. Nie zwingt sie ihren Modellen unnatürliche Posen auf, nie inszeniert sie wie Madame d'Ora die Leute vor der Kamera. Immer bewegt sie sie zu einer möglichst freien Entfaltung ihrer selbst. Dass sie mit vielen ihrer Kundinnen und Kunden freundschaftlich verbunden ist, fördert diese Arbeitsmethode.

Gesichtsstudien sind Trude Fleischmanns Spezialität: hier Grete Wiesenthal.

Atelierfeste, Ausstellungen, Gesellschaften – bei all diesen Gelegenheiten gewinnt Trude neue Kundschaft. Hier bewährt sich ihre außergewöhnliche Gabe mit Menschen umzugehen. Scheinbar mühelos stellt sie sich auf ihr Gegenüber ein, führt das Gespräch auf der Ebene, die ihr angeboten wird.

Aufsehen erregen ihre Aktaufnahmen. Ein Berliner Staatsanwalt lässt 1925 ihre ausgestellten Fotos der Tänzerin Claire Bauroff konfiszieren. Prädikat: zu anstößig. Trude Fleischmann ist eine der ersten Fotografinnen Österreichs, die in diesem Genre arbeitet. Sie entwickelt hier einen eigenen, weiblichen Blick. Ihre Ausdrucksstudien zeigen ein natürliches Frauenbild, selbstbewusst und ungekünstelt. Als Modelle bevorzugt sie Tänzerinnen mit trainiertem, ausdrucksstarkem Körper, die schon deshalb nicht dem Klischee des „schwachen" Geschlechts entsprechen. Diese Bilder drücken auch ihr Interesse an fortschrittlichen Menschen, insbesondere emanzipierten Frauen, und an unkonventionellen Lebensformen aus. Viele ihrer Freundinnen denken ähnlich, leben in lesbischen Beziehungen, wie die Ameri-

Aufsehen erregend: Claire Bauroff, 1925.

kanerin Helen Post, die bei Trude das Fotografieren lernt und eine kurze Liebesbeziehung mit ihr hat.

Trude Fleischmann liebt die Natur, die österreichischen Berge und ist begeisterte Skifahrerin und Wanderin. Sie reist gern nach Italien, Ungarn, Dalmatien, auch nach Paris und London, wo Freundinnen und Freunde wohnen. Diese sind es dann auch, die die politische Gefahr richtig einschätzen und ihre jüdische Freundin 1938 zur Ausreise drängen. Trude Fleischmann ist auf dem Höhepunkt ihres Erfolges, als binnen kurzem die Kundschaft ausbleibt. Ein Großteil ist ebenfalls jüdischer Herkunft und entweder schon emigriert oder auf dem Weg. Eine Zeit lang versucht die Fotografin noch das Atelier durch Fotokurse zu retten, begreift aber schließlich den Ernst der Situation. Nach einem halben Jahr in Paris reist sie weiter nach London, dann nach New York. Sie fährt fast ohne Gepäck, nimmt nur ihre Kamera, einige Negative und wenige persönliche Dinge mit nach Amerika. Ihre Freundin Helen Post, inzwischen bekannte Bildjournalistin in den USA, besorgt ihr die Papiere. In Helens Haus, zwei Autostunden von New York City entfernt, arbeiten die beiden Frauen zunächst wieder gemeinsam in einem Atelier.

Ähnlich wie Dora Kallmus gelingt auch Trude Fleischmann mit Mitte vierzig eine zweite Karriere fern der Heimat. Ab 1940 hat sie wieder ein eigenes Atelier, in Manhattan, an der 56. Straße, das sie zuerst gemeinsam mit Frank Elmer aus Wien führt. In Aufnahmen von Wolkenkratzern und Straßenschluchten teilt sie ihre Faszination von der Stadt mit. Als die Zeitschrift *Vogue* sie für Modeaufnahmen engagiert, macht sie das Shooting nicht wie üblich im Atelier, sondern geht mit den Models auf die Brooklyn Bridge. Eine Stahlkonstruktion als Laufsteg – das ist selbst in New York eine Sensation. In einer Ausstellungsrezension wird die Wienerin 1983 in einem Zug mit den ebenfalls in New York lebenden Fotografen Man Ray und Berenice Abbott genannt.

KAPITEL 5

INSPIRATION KAFFEEHAUS

GELIEBTE LINA

„Man hat Papier, einen Bleistift, einen Radiergummi vor sich und Gedanken, um Bände zu füllen, im Gehirn – alles ist da –, nur der erste Satz fehlt. Er fehlt einfach, es ist unheimlich, man kann machen, was man will – er fehlt! Man kann doch unmöglich beim zweiten Satz anfangen?“[1]

Lina Loos lässt sich 1927 trotzdem vom Chefredakteur des *Neuen Wiener Tagblattes* überreden, regelmäßige Beiträge für die Wochenausgabe zu schreiben. Seit Anfang der zwanziger Jahre ist die knapp 40-Jährige in der Wiener Presse als humorvolle, ironische Gesellschaftskritikerin bekannt. Ihre Essays in der *Wiener Woche,* der *Arbeiter-Zeitung* oder der *Dame* sind kurze, treffende Alltagsbeobachtungen, ironische Charakterskizzen ihrer Mitmenschen, Aufzeichnungen kurioser Ereignisse. Die Runden im Café Central und im Café Raimund bieten reichlich Stoff. Karl Kraus ist dabei und Franz Theodor Csokor, Dramaturg am Deutschen Volkstheater. Der Schauspieler und Kulturphilosoph Egon Friedell, der mit seiner *Kulturgeschichte der Neuzeit* international bekannt wird, und – ebenso wie Csokor – treuer Verehrer von Lina Loos ist. Friedell besucht mit ihr regelmäßig den Salon von Berta Zuckerkandl. „Liebste Lina, die B. Z. ist aus Paris zurück ... Sie will mit dir ... sprechen und hat uns für Sonntag Nachmittag eingeladen. Ich hole dich also um ½ 4 ab.“ Post dieser Art erhält Lina regelmäßig von ihm. Die Journalistin Berta Zuckerkandl schätzt Lina sehr, organisiert Verbindungen zur ört-

LINKS Gleich werden hier Melange und Eier im Glas serviert.

Zwei berühmte Wiener Institutionen in einem Haus: unten das Café Casa Piccola, im Obergeschoss der Modesalon der Schwestern Flöge.

lichen Presse. Auch die Salons von Alma Mahler-Werfel und Grethe Wiesenthal besucht Lina, nicht jedoch den von Eugenie Schwarzwald. Denn hier ist ihr Ex-Mann, der berühmte Architekt Adolf Loos, Stammgast. In seine Nähe zieht sie nichts mehr, die Ehe der beiden liegt lange zurück.

1902 beginnt das Intermezzo zwischen der knapp 20-jährigen Lina Obertimpfler und dem zwölf Jahre älteren Loos. Lina ist zu dieser Zeit Schauspielschülerin am Wiener Konservatorium. Das Kaffeehaus ist ihr Zuhause, denn die Eltern betreiben das „Casa Piccola", seit 1900 Treffpunkt vorwiegend der männlichen Wiener Boheme – wie die meisten Kaffeehäuser dieser Zeit. Im Obergeschoss des Hauses befindet sich eine andere berühmte Wiener Einrichtung: der Modesalon der Schwestern Flöge, die hier ihre Kreationen der Wiener Werkstätte entwerfen.

Lina und Adolf Loos während ihrer gemeinsamen Zeit.

Lina, 1882 geboren, ist die Jüngste der drei Geschwister Obertimpfler, die alle eine künstlerische Laufbahn einschlagen – nicht gerade zum Entzücken der Familie. „Mein Bruder hatte das Schulgeld zwar immer in Empfang genommen, aber es nicht im Gymnasium, sondern in der Theaterschule eingezahlt. Er hatte seinen Beruf gewechselt, aber vergessen, der Familie davon Mitteilung zu machen." Ihre Schwester Helene ist Schriftstellerin und führt Lina am Stammtisch des Literaten Peter Altenberg ein. Dort lernt sie auch Adolf Loos kennen, der ihr bereits am ersten Tag einen Heiratsantrag macht. Den Lina spontan annimmt. Sie entspricht dem Frauenbild, das Männer wie Altenberg und Loos verherrlichen: die Kindfrau, unerfahren und „rein". In ihrem Theaterstück *Wie man wird, was man ist,* das nie zur Aufführung kommt, verarbeitet sie die Ehe mit dem egozentrischen Architekten. „Ich werde sie formen. Ich werde Gutes herausholen, Schlechtes brach liegen lassen. Es soll ein Kunstwerk werden", lässt sie den Ehemann über seine junge Frau sagen. Lina geht es um ein selbstbestimmtes Leben, und das passt nicht zu einer Ehefrau, wie Adolf Loos sie sich vorstellt. Als sie sich kurz vor der offiziellen Scheidung auch von ihrem Liebhaber, einem 18-jährigen Gymnasiasten, trennt und dieser sich daraufhin erschießt, ist selbst im Affären gewohnten Wien der Skandal perfekt.

> „Die Gesellschaft ist irgendwer, ist irgendwo; aber hier stehe ich, wirklich und wahrhaftig, ganz allein verantwortlich für mein Leben und wenn es der Gesellschaft nicht paßt, paßt eben die Gesellschaft nicht für mich", lässt Lina die Protagonistin in ihrem Theaterstück sagen.[2]

Um dem Wiener Klatsch zu entkommen, nimmt die 22-Jährige ein Theaterangebot in Übersee an, schifft sich im Januar 1905 nach New York ein und verbringt die erste Jahreshälfte in Amerika. Es folgen verschiedene Engagements in St. Petersburg, Leipzig, Berlin. Sie tritt bei der Eröffnung des exklusiven Kabarett Fledermaus in Wien auf und ist drei Jahre am Linden-Kabarett im Berliner Passage Theater Kollegin von Claire Waldoff, Roda-Roda und Egon Friedell. Die Schauspielerei hat für sie nichts mit Leidenschaft oder Berufung zu tun. Sie sieht das Ganze eher pragmatisch:

> „Ich möchte lieber gar nichts arbeiten; nachdem ich aber leider einen Beruf haben muß, so bin ich am liebsten beim Theater."[3]

Nie konkurriert sie mit Kolleginnen, sondern gibt sich immer gern mit Nebenrollen wie Dienstmädchen oder Köchin zufrieden. Und hat jedes Mal so viel Lampenfieber, „daß die Angst vor dem Spielen die Lust am Ruhm stark überwiegt".

Zu Beginn des Ersten Weltkrieges wird Linas Verlobter Herbert Fries an der Front getötet. Einige Jahre zuvor ist ihre Schwester nach einem angekündigten Selbstmord spurlos verschwunden. Der Liebhaber, die Schwester, der Verlobte – innerhalb weniger Jahre hat Lina drei nahe stehende Menschen verloren. Nach dem Tod von Herbert Fries verfällt sie in eine tiefe Depression, nimmt das in seinem Testament ihr zugedachte Geld nicht an, obwohl dies ihre Existenz absichern würde. Ihr Lungenleiden, das sie schon vor Jahren im Sanatorium hat behandeln lassen, verschlimmert sich wieder.

Lina Loos bei ihrer Rückkehr vom Theater-Engagement in New York.

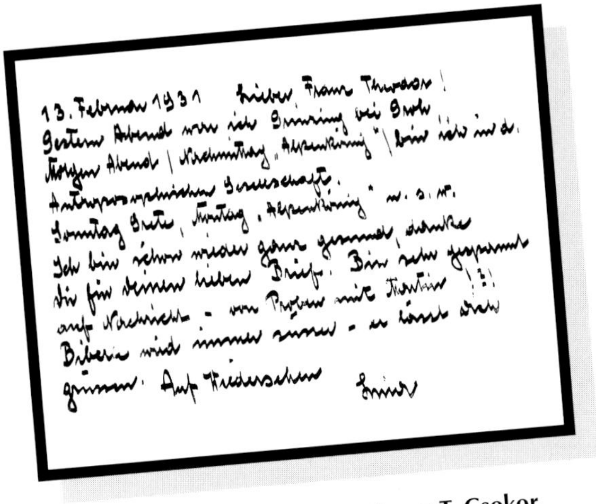

Karte von Lina Loos an Franz T. Csokor.

Sie fährt für längere Zeit nach Davos zur Kur.

Die Inflation nach dem Ersten Weltkrieg trifft auch Linas Eltern. Sie müssen 1918 ihr Kaffeehaus in der Mariahilfer Straße verkaufen. Immer wieder haben sie ihre jüngste Tochter finanziell unterstützt. Damit ist es nun vorbei. Und auch mit der Wohnung über dem Café. Lina Loos zieht mit all ihren Sachen in den ländlichen Wiener Vorort Sievering, in eine kleine Atelierwohnung mit Dachgarten, die bisher ihr Zweitwohnsitz war. Sie liebt die Ruhe und Abgeschiedenheit hier, wo die Straßen abends um neun menschenleer sind. „Es ist mir natürlich selber peinlich, aber was soll ich machen – ich bin nirgends lieber –, es gefällt mir nirgends besser, ich fühle mich nirgends wohler – als in Sievering."[4] Nur selten nimmt sie deshalb Egon Friedells Einladung in sein Sommerhaus nach Kufstein an, wo immer ein Zimmer mit Balkon für sie reserviert ist. Auch die Versicherung des Freundes, dass reichlich „Knödel, Kaffee und Zigaretten (Deine drei Lieblingsspeisen)" vorhanden seien, hilft da wenig. Die enge Beziehung zwischen Lina Loos und Egon Friedell leidet immer wieder unter Spannungen. Seit ihrer gemeinsamen Arbeit in Berlin ist Friedell leidenschaftlich verliebt in Lina, verherrlicht sie, huldigt ihr. Sie schätzt ihn als Freund und Künstler, will sich aber nicht erneut vereinnahmen lassen.

> „Ich suche einen Mann, der mich liebt als – Lina Loos. Ich will kein überirdisches Wesen sein, ich will nicht angebetet werden, der Mann, dem ich bereits eine Gottheit bin – der ist mir viel zu arm."[5]

Zu Peter Altenberg, der sie überreden will, Friedells Heiratsantrag anzunehmen, sagt sie schlicht: „Er ist nicht mein Typ." Friedell findet sich schließlich mit der Situation ab. Bis zu seinem Selbstmord 1938 bleibt Lina die wichtigste Frau für ihn. In der Öffentlichkeit treten die beiden oft als Paar auf.

Ab 1921 gehört Lina Loos zum festen Ensemble des Deutschen Volkstheaters in Wien, wo auch ihr Theaterstück *Mutter* aufgeführt wird. In diesen ersten zwanziger Jahren beginnt Lina regelmäßig in Zeitschriften und Tageszeitungen zu veröffentlichen. Sie ist Anfang vierzig, bewegt sich zwischen Theater, dem Café Raimund, direkt gegenüber des Deutschen Volkstheaters, und dem Café Sievering, das sich unter ihrer Wohnung befindet. Hier verbringt sie oft die Abende, insbesondere im Winter, wenn Kohlen knapp sind oder ihr Geld dafür nicht reicht. Im Café gibt es zudem ein Telefon, so dass Lina dort von ihren Bekannten angerufen werden kann. Eine enge Beziehung hat sie in dieser Zeit zu der zwanzig Jahre jüngeren deutschen Schauspielerin Margarete Köppke, die am Raimundtheater engagiert ist. Die beiden unternehmen 1927 eine Sommerreise nach Berlin.

> „Margarete ... sagt so kluge Sachen wie ein sechzigjähriger Weiser und handelt zugleich wie eine besonders kindische Sechsjährige. ... Im Schlafwagen von München nach Berlin spielte sie Fremdenführer, zeigte mir die Errungenschaften der Jetztzeit. Hantierte mit elektrischen Lampen und Steckkontakten, daß mir die Haare zu Berge standen, zeigte mir vierzehn verschiedene Arten, blitzschnell in das obere Bett zu gelangen, ohne die Leiter zu benützen. Ein halbwegs ehrgeiziges Eichhörnchen hätte daraufhin sofort bei ihr Turnstunden genommen. Dann läutete sie ... und war noch nicht damit fertig, als der Schlafwagenfürst erschien, und wir brauchten – absolut nichts! Sie hatte gerade noch Zeit, sich wie eine fast Erwachsene hinzusetzen, und sagte etwas vornehm zögernd: ‚Ach – bitte – können Sie mir vielleicht sagen – ja – wie viele Grenzen noch bis Berlin sind?' – ‚Wir sind in Deutschland, meine Dame', sagte er und verschwand merkwürdig schnell."[6]

Lina wird zur Trösterin der hoch begabten, aber an der Welt leidenden Margarete.

„Geliebte Lina! ... Ich brauche Dich selbstverständlich wie immer – Gott weiß, warum ich mir einbilde, daß Du der einzige Mensch bist, der mich jemals lieb gehabt hat; niemand, selbst Du kannst mir diesen Gedanken nehmen ... Deine Köppke", schreibt die Freundin im April 1930, wenige Monate vor ihrem Selbstmord.

Ab 1927 schreibt Lina Loos fast ausschließlich für das Feuilleton der Wochenausgabe des *Neuen Wiener Tagblattes,* das Berta Zuckerkandls Vater gegründet hat. Linas Essays sind humorvoll, manchmal zynisch, ihre Pointen hintergründig, aber einfach verpackt.

„Ich war ein einziges Mal bei einer Spiritistensitzung – und nie wieder. Nach endlosen Vorbereitungen und wildem Geklopfe meldete sich endlich der Geist G. E. Lessings und gab den erschütternden Ausspruch von sich: ‚Ehret meine Werke!' Sein großer Geist schien durch das Jenseits gelitten zu haben. Ich kann schon die *hier*seitigen Dichter nicht leiden, die solche Anforderungen an mich richten, und von *jenseitigen* hätte ich erwartet, daß sie andere Sorgen haben."[7]

Treffsicher prangert sie soziale Missstände an, kritisiert die Ehe, formuliert aus der Perspektive der emanzipierten Frau.

„Die Frau: Ich möchte dich glücklich machen,
auf welche Weise auch immer!
Der Mann: Ich möchte mich glücklich machen,
auf welche Art immer!
So beginnen die Sexualverbrechen
des Mannes!"[8]

Mit dem Schriftsteller Franz Theodor Csokor plant sie die besten ihrer Artikel als Buch herauszubringen, ein Projekt, das jedoch erst 1947 als *Buch ohne Titel* realisiert wird. Mit Csokor verbindet sie seit Anfang der zwanziger Jahre eine Freundschaft, die sich im Laufe der Zeit in ein Liebesverhältnis wandelt. Wie für Friedell ist Lina auch für Csokor die zentrale Frau im Leben. Alle drei sind über das Theater miteinander verbunden und verbringen ihre

Freizeit oft gemeinsam, finden eine Balance zwischen Liebe, Eifersucht und Freundschaft.

„Es ist fürchterlich, daß man nicht so viel Geld hat, Dich loskaufen zu können, damit Du so wie es Dir am angenehmsten wäre, leben darfst“, schreibt Kerstin Strindberg 1932 an Lina Loos. Die Tochter des Schriftstellers August Strindberg, seit Anfang der dreißiger Jahre mit Lina befreundet, spielt damit auf die äußerst prekäre finanzielle Situation an, in der die Freundin sich wieder einmal befindet. Zeit und Muße, nicht Geld, ist Linas Motto, wofür sie nicht selten mit einer ungeheizten Wohnung bezahlen muss. In den Briefen zwischen Kerstin und der eher briefschreibfaulen Lina geht es auch immer wieder um die politische Situation in Deutschland und Österreich.

> „Jetzt steht in meiner schwedischen Zeitung das neue teutsche Strafgesetz ‚Arierparagraph‘! ... Ich bin vollkommen krank und zerquetscht durch diese Dinge. Wenn auf der Donau eins der hakenkreuzbewimpelten Schiffe vorbeifährt, kotze ich in den Acker“, schreibt Kerstin Strindberg 1933.[9]

Als die Nazis in Wien einmarschieren, spielt Lina Loos nicht mehr Theater, schreibt nur noch, um zu überleben.

Lina Loos in den dreißiger Jahren.

Die Erstausgabe von „Das Buch ohne Titel“, 1947.

„Ich bin nirgends lieber" – ein Blick in die Wohnung von Lina Loos in Sievering.

Egon Friedell stürzt sich 1938 aus dem Fenster, als die Nazis ihn holen wollen, Franz Theodor Csokor emigriert. Selbstmord oder Emigration – vor diese Entscheidung sehen sich jetzt viele in Linas Bekannten- und Freundeskreis gestellt. Sie selbst zieht sich immer mehr zurück, geht in die innere Emigration. Auch gesundheitlich geht es ihr zusehends schlechter, sie leidet inzwischen unter einer chronischen Bronchitis. Ihre kargen Lebensumstände können zu Anfang des Krieges noch gemildert werden durch Pakete, die Kerstin Strindberg aus Schweden schickt. Die Zigaretten darin sind für Lina ebenso wichtig wie die Lebensmittel und Medikamente.

Sie überlebt den Krieg, umsorgt von der Grafikerin Leopoldine Rüther, der einzigen Freundin, die in dieser Zeit in ihrer Nähe ist. Sie bleibt ihr bis zum Tod verbunden, illustriert auch ihr *Buch ohne Titel,* eine Sammlung von Erinnerungen und Essays, das 1947 erscheint. Nach dem Krieg engagiert sich Lina Loos im Österreichischen Friedensrat und wird Vizepräsidentin des Bundes Demokratischer Frauen. „Fünfundsechzig Jahre habe ich nicht gewußt, warum ich lebe, jetzt weiß ich es und jetzt muß ich sterben", sagt sie kurz vor ihrem Tod, 1950 im Wiener Allgemeinen Krankenhaus.

DIE KÖNIGIN DER CAFÉS

„Enger wird die Welt mit jedem Schritt. Da wir leider in keiner Hinsicht große Sprünge machen können, ist es wohl nur in der Ordnung, daß uns die Mode 1918 den engen Rock wieder schenkt.“[10]

Mode und Politik – zusammengeschnürt und witzig formuliert. Das ist neu in der Modebranche. Verantwortlich dafür ist Ea von Allesch in der Redaktion der *Modernen Welt,* einer illustrierten Zeitschrift für Kunst, Literatur und Mode. Gleich nach dem Zusammenbruch der Donaumonarchie haben der Verleger Arnold Bachwitz und der Schriftsteller Ludwig Hirschfeld die Zeitschrift 1918 in Wien gegründet. „Österreichisch und zugleich europäisch“ soll sie sein, Ea Allesch – Adelstitel sind in der neuen Republik verboten – ist von Anfang an Mitarbeiterin der Modebeilage.

Als Emma Elisabeth Täubele wird Ea im Wiener Vorort Ottakring 1875 geboren. Sie ist das sechste von neun Kindern. Der Vater ist Drehergehilfe, die Mutter Handarbeiterin. Emma wächst in sehr bescheidenen Verhältnissen auf, für Bücher und Musik ist kein Geld übrig. Sie geht zur Volksschule, wird dann Näherin. Mit 15 Jahren zieht sie zur älteren Schwester Antonia, die in der Wiener Innenstadt ein Miederwarengeschäft hat.

Ea von Allesch, Traumfrau vieler Männer.

Emma ist ein begehrtes Aktmodell. Mittelgroß, knabenhaft schlank und eine Mischung aus Scheu und Offenheit – damit entspricht sie dem begehrten Girlietyp vieler Künstler der Jahrhundertwende. Das Tauberl nennt man sie in den Malerateliers.

Ea leidet unter Minderwertigkeitskomplexen, wünscht sich in die Welt des Bürgertums. Über eine Heiratsannonce lernt die 19-Jährige den deutschen Kaufmann Rudolph kennen und heiratet ihn. Das Paar zieht in die Innere Stadt, ein Jahr später kommt Tochter Ella zur Welt. Emma hat durch die Heirat einerseits die finanzielle Sicherheit, als Ehefrau und Mutter zudem auch die geeignete soziale Position, sich weiterzubilden. Sie liest die Literaturklassiker, lernt Französisch und Englisch, nimmt Klavier- und Gesangsstunden. Mit 24 Jahren ist Ea volljährig und einigt sich mit ihrem Mann auf eine Trennung. Ihre Hoffnung, in der Ehe Schutz und Sicherheit zu finden, hat sich nicht erfüllt. Stattdessen macht sie traumatische sexuelle Erfahrungen, die ihr ganzes Leben belasten und ihre Beziehungen zu Männern überschatten. Die Tochter bleibt in Wien, wird phasenweise von Ea, von Verwandten und in Internaten erzogen.

Das Leben im Zentrum, die Welt der Kaffeehäuser, der Intellektuellen, der Kunst und Literatur ziehen Ea, das Mädchen aus der Vorstadt, an. Sie genießt die Freiheit nach den bürgerlichen Ehejahren voller Zwang und Abhängigkeit und wird – wie Lina Loos und später Gina Kaus und Milena Jesenská – zu einem umschwärmten weiblichen Mittelpunkt. Täglich trifft sie ihre Freunde und Freundinnen im Café Central. Das Kaffeehaus in der Herrengasse ist der neue Szene-Treffpunkt. „Es schwirrt in diesem Café von Berühmtheiten aus allen Ländern und Städten des Balkans", sagen die einen.

Das Café Central, Treffpunkt der literarischen Szene.

Andere finden: „Im Café gibt es keinen Geist, keine Laune, kein Wissen. Dort regiert einzig und allein Majestät Spleen." Wenn Ea sich an den Tisch setzt, strahlen alle sofort auf. Jedem schenkt sie ihr kindliches Lächeln, und keinem schenkt sie mehr. Für Helga Malmberg, Journalistin und Freundin des stadtbekannten Kaffeehaus-Bohemiens Peter Altenberg, ist Ea eine faszinierende Erscheinung, die sich Kindlichkeit sowie die Freiheit des Herzens und des Geistes bewahrt hat: „Sie ist von mittlerer Größe, ‚sylphidenhaft schlank', hat graue Augen und (meistens) rötlich-blondes Haar, das sie, keineswegs à la mode, lockig und weich über die Schultern herabfallend trägt."[11] Apart wirkt sie mit ihrer blassen Haut, den hohen Wangenknochen und dem großen Mund. Eas Aussehen und Ausstrahlung entspricht dem Schönheitsideal der Wiener Boheme. Der Maler Gustav Klimt kreiert den „idealen" Frauentyp in seinen Bildern, der Schriftsteller Peter Altenberg liefert das literarische Pendant: die Kindfrau, zart und scheu, zugleich aufreizend und sinnlich. Eas Charakter-Mischung aus Offenheit und Natürlichkeit, kühler Distanz und sogar Härte provoziert. Sie wird zur Projektionsfigur, zum Spiegel männlicher Vorstellungen, wie Frauen sein sollen.

Ab 1903 wohnt Ea mit dem Theaterkritiker Alfred Polgar und dem englischen Musiker Henry Skene in der Armbrustergasse im vornehmen Cottage-Viertel. Ein Jahr probiert sie mit den Verliebten eine *ménage à trois,* statt einer konventionellen Beziehung freie und sexuell offene Verhältnisse. „Sie haben ein Recht, nach Ihren Bedürfnissen zu leben und nicht nach unseren", schreibt Polgar. Ea muss dieses Recht immer wieder einfordern, will sich nicht vereinnahmen lassen, wie die Reaktionen ihrer Bewunderer zeigen. Schließlich geht sie auf Distanz, sein Versprechen, „Dir Dein Leben nicht einengen zu wollen", kann Alfred Polgar nicht halten. Seinen Erwartungen, seinem Bild von ihr soll Ea entsprechen. Sie soll so „herrlich" sein, wie er sie haben will. Diese Verherrlichung und entrückte Anbetung ihrer Verehrer geht Ea auf die Nerven:

> „Gerade die verflossenen Allüren des Eros, – der ‚Antrag', der werbende Fußfall – sind von äußerster Unzartheit gegen die Frau. Welch bärtiges Selbstgefühl muß ein Mann doch besitzen, daß er es wagen kann, seine Person und seinen Liebesautomatismus einem anderen Wesen ‚anzutragen'."[12]

Um 1910 tauscht Ea den Wiener Kreis mit Berlin, wo sie Robert Musil und seinen Studienfreund Johannes von Allesch trifft. Eas faszinierende Ausstrahlung beeindruckt den Psychologiestudenten. 1913 verloben sich Ea und Johannes. Warum Ea sich nach ihren Erfahrungen noch einmal auf den Zwang einer bürgerlichen Ehe einlässt, bleibt offen. Sie wird 1914 offiziell von ihrem ersten Mann geschieden, die fast 18-jährige Tochter Ella zieht zu ihrem Vater nach Leipzig. Im weiteren Leben Eas spielt Ella wohl keine große Rolle mehr, sie stirbt später an Krebs, zehn Jahre vor ihrer Mutter.

Als der Erste Weltkrieg beginnt, kommt Ea nach Wien zurück. In Stadtparknähe nimmt sie sich eine Wohnung zur Untermiete – und ist mit fast vierzig wieder die Königin der Cafés. „Es war selbstverständlich, daß sie sich wunderbar anzog. Ihre Erscheinung, ihr Gang waren königlich. Wenn sie die Stufen aus dem Säulensaal hinunterschritt, folgten ihr bewundernde Blicke."[13] Eine Woche nach der Scheidung von ihrem ersten Mann hat sie erneut geheiratet, ist nun Ea von Allesch, Edle von Allfest. An ihren Lebensgewohnheiten ändert sich nichts, Johannes von Allesch ist Leutnant und nur im Urlaub kurz zu Hause. Ea schreibt im *Kleiderkasten* zwei Artikel über die Auswirkungen des Krieges auf die Mode, das Journal kommt nur zweimal heraus und wird im Februar 1915 eingestellt. Mittags geht sie ins Café Central, abends ins Café Herrenhof, das 1914 in unmittelbarer Nähe des Central eröffnet hat. Im Herrenhof trifft sich nun „alles, was politisch und erotisch revolutionär gesinnt" ist. Hier lernt Ea von Allesch Hermann Broch kennen, den die notorische Kaffeehausbesucherin Gina Kaus witzig und äußerst unterhaltsam findet. Broch ist elf Jahre jünger als Ea und verheiratet. Er leitet die familieneigene Baumwollspinnerei in Teesdorf bei Wien, hält aber „diese Familie, die Fabrik u. alles was drum u. dran hängt einfach nicht mehr aus", will Bücher und philosophische Aufsätze schreiben. Mit Beendigung des Krieges kehrt Johannes von Allesch nach Wien zurück. Ea schwankt zwischen der Pflichterfüllung als Ehefrau mit sozialer Sicherheit und der Verwirklichung anderer Lebensentwürfe. Dann entscheidet sie sich gegen das vorherrschende Rollenbild der Ehefrau und wagt den Sprung in die Berufstätigkeit. Sie arbeitet intensiv und macht sich einen Namen als Modejournalistin.

Mitten in den Revolutionswirren erscheint ein neues Wiener Kulturjournal: die *Moderne Welt* kommt mit der ersten Ausgabe im Oktober/November 1918 gleich als Doppelheft heraus. Zu den Autorinnen und Autoren gehören die deutsche Schriftstellerin Gabriele Reuter, Heinrich und Thomas Mann, außerdem Peter Altenberg, später Eugenie Schwarzwald und Gina Kaus. Ea von Allesch leitet das Moderessort. Die Redaktion liegt im dritten Bezirk im Palais des Beaux Arts. In diesem Jugendstilbau telefoniert Ea mit Modefirmen in Paris und London, erkundet die Rocklänge der neuen Saison, fragt nach den Highlights der nächsten Kollektion, informiert sich über Brokat und Seidenstoffe. Hier schreibt sie ihre Beiträge, witzig, voller Anspielungen auf Zeitgeschichtliches, auf Kunst und Kultur. „Der Ausschnitt am Hals ist viereckig und stets dunkel, nicht durch ein weißes Hemdchen oder Kra-

Kaffeepause bei Modeaufnahmen in Wien.

gerl erhellt, was zu begrüßen wir bei unserer Seifennot alle Ursache haben", bringt sie die Probleme der ersten Nachkriegswochen auf den hygienisch-modischen Punkt. In die Modeberichte mischt sie Hinweise auf aktuelle politische und soziale Strömungen, ihre Artikel sind Stimmungsbilder der Wiener Nachkriegsjahre. Ihre Empfehlung für die erschwerte Schönheitspflege:

> „Es gibt ein Mittel selbst in unserer grenzenlos mageren Zeit, um das Antlitz in alter Fülle, Rundung und Spannung erstrahlen zu lassen, aber es ist größte Überwindung unserer gewohnten Antipathien notwendig. Ein Pulver muß bereitet und teelöffelweise genossen werden – es tut Wunder – und es wird gewonnen – ja, es wird gewonnen, indem man Küchenschaben röstet und zerreibt!"[14]

Ea schreibt für die *Vogue* und andere etablierte Modezeitschriften im europäischen Ausland, ab März 1921 auch für die *Prager Presse* – und damit über die gleichen Themen wie die tschechische Journalistin Milena Jesenská bei der Prager *Tribuna*. Die *Prager Presse* wird in Wien ebenfalls viel gelesen und liegt in den Kaffeehäusern aus. Die beiden kulturell eng verbundenen Hauptstädte liegen schließlich nur knapp 300 Kilometer voneinander entfernt. Über die Modethemen bringt Ea von Allesch ihre Ideen und Ansichten an die Frau:

> „Der Rock ist wie die Kette am Fuße des Sklaven und gehört nicht mehr in unsere Zeit, da die Frau in den Straßen zu rennen und zu jagen hat, und in Bureaus und in Fabriken arbeiten muß", leitet sie ihr Plädoyer für ein Hosenkostüm ein.[15]

Sie zeichnet ihre Artikel mit Eva, Eva Pythia oder Pythia. Mit dem Pseudonym Petronius schlüpft sie bei Bedarf in eine Männerrolle:

> „Ich liebe die Modejournale im Frühling. Ich lese die *Vogue* und den *Royal*, die *Dame* und *L'Art et la Mode*, den *Styl* und alle anderen Modejournale, deren ich habhaft werden kann. Billig sind sie nicht; es ist ein bescheiden-kostspieliges Vergnügen. Manche meiner Freunde behaupten, daß diese Lektüre mir, als Mann, nicht anstehe."[16]

1922 erbt Ea von Allesch nach dem Tod ihrer Schwester Antonia deren Wohnung in der Peregringasse. Die Fünf-Zimmer-Wohnung im fünften Stock eines Gründerzeitbaus liegt an der Grenze zwischen neuntem und erstem Bezirk und hat einen wunderschönen Blick auf die Ringstraße und die Altstadt. In die Innenstadt, zum Burgtheater und zum Café Herrenhof ist es nur ein kurzer Spaziergang. Ea trifft sich mit ihrem Freundeskreis neuerdings auch im Café Museum, geht in die Salons von Eugenie Schwarzwald und der „Frau Hofrätin" Berta Zuckerkandl. Im Frühjahr und Herbst fährt sie zu den Modeschauen nach Paris, London und Zürich. Sie lässt sich von Johannes von Allesch scheiden, um die Beziehung zu Hermann Broch „ohne alten Ballast" leben zu können. 1923 ist auch Hermann Broch geschieden und wird Eas „offizieller" Lebensgefährte. Er richtet sich in ihrer Wohnung ein Zimmer ein, das bis 1928 sein Hauptwohnsitz wird. Die beiden gehen ins Theater und in die Oper, machen Reisen nach Frankreich und Italien. Ea genießt ihre finanziel-

Hermann Broch.

le Unabhängigkeit und das unbeschwerte Leben mit Hermann Broch nach den Kriegs- und Krisenjahren.

Doch 1927 verliert sie ihre Stelle bei der *Prager Presse.* Die Zeitschrift hat ihr gekündigt, ihre modejournalistische Laufbahn ist zu Ende. Auf der Suche nach neuen Verdienstmöglichkeiten entdeckt sie die Graphologie. Sie macht Handschriftenanalysen, erstellt Gutachten und gibt Privatunterricht, auch Graphologiekurse an der Schule von Eugenie Schwarzwald. Ihren Unterhalt kann sie damit nicht verdienen. Auch ihr Privatleben steckt in einer Krise. Hermann Broch hat die leidige Fabrik endlich verkauft und arbeitet als freier Schriftsteller; er hat seinen Posten des Firmenmanagers gegen den eines Intellektuellen getauscht. Seit er die wesentlich jüngere, unkomplizierte Anna Herzog kennt, geht er mehr und mehr eigene Wege. „Dass H. mir so unverständlich ist resp. Dinge tut, die ich für blöd halte, macht ihn mir fremd. ‚Daheim' fühlt man sich eben doch, wo man bestätigt und bestätigt wird. ... Wir bestätigen uns gar nicht",[17] schreibt Ea in ihr Tagebuch. Sie nutzt inzwischen jede Gelegenheit, Wien zu verlassen und „nicht diese stinkende Wohnung rundherum zu fühlen, diese verwahrlosten Räume, dieses Badezimmer und diese Küche, wo seit siebeneinhalb Jahren nichts gemacht wurde." Oft fährt sie nach Potstejn in die Nähe von Prag, wo ihre Freundin Mary Dobrzensky ein „Schlösschen" hat, Treffpunkt von Künstlerinnen und Literaten. Robert und Martha Musil, Karl Kraus und seine Freundin Helene Kann sind oft zu Besuch. Ea hat nicht immer Lust, „Geplauder zu machen und auszuhalten", aber sie genießt die Spaziergänge im Winter allein mit Mary. Sie nimmt sich auch wieder Zeit, um zu fotografieren und die Fotos zu entwickeln.

Mit Beginn der dreißiger Jahre geht es Ea schlechter. Sie ist Mitte fünfzig, herzkrank und fast ohne Einkommen. „Es ist so lächerlich, das ‚Kein-Geldhaben' in diesem Ausmass und rundherum. Dabei weiss man nicht, wie man es anfangen soll zu sparen." Mary Dobrzensky ist vierzehn Jahre jünger, sie bewundert Ea, pflegt sie und hilft ihr finanziell. Auch die soziale Situation in Wien macht Ea Angst. Die Menschen verhungern, schreibt sie an Mary, „hast Du denn eine Ahnung, wie es zugeht? Die Leute schleichen in der Nacht herum, sehen entsetzlich aus, sind tuberkulös und betteln um ein Stückerl Brot." Ea schwankt zwischen Lebensmut und Hoffnungslosigkeit. Mal will sie auswandern, mal an der Sorbonne in Paris studieren, dann wieder ist sie „nicht mehr für irgendwelche Illusionen zu haben", fühlt sich krank und vollständig erledigt. Das ungeklärte Verhältnis zu Hermann Broch, ihre finanzielle und emotionale Abhängigkeit von ihm, belasten sie sehr.

1938 übernehmen die Nationalsozialisten die Macht in Österreich. Hermann Broch emigriert in die USA, seine jüdische Mutter bezieht das Zimmer in Eas Wohnung in der Hoffnung, durch die „Arierin" Schutz vor dem Terror zu finden. Als Gegenleistung erhält Ea finanzielle Unterstützung. Aber 1941 wird der Brochsche Besitz enteignet, Brochs Mutter stirbt ein Jahr später im Konzentrationslager Theresienstadt. Viele Freundinnen und Bekannte aus Eas Kaffeehaustagen sind emigriert, andere verhaftet oder deportiert. Bei Kriegsende ist Ea von Allesch 70 Jahre, vereinsamt und krank, geistig aber immer noch rege. Dann erblindet sie fast vollständig und stirbt 1953 im Lainzer Armenspital der Stadt Wien.

SCHREIBEN ALS ELIXIER

„In den letzten Jahren als es nichts zu essen gab, wo zu Hause nicht geheizt werden konnte und man nichts zum Anziehen hatte, verwandelte sich das Kaffeehaus in das gemeinsame Zuhause der Boheme, der es verdammt schlecht in der Zeit des Krieges ging … Im Kaffeehaus schreibt man, korrigiert man und diskutiert. Im Kaffeehaus spielen sich alle Familienszenen ab, im Kaffeehaus weint und schimpft man über das Leben und auf das Leben."[18]

Milena Jesenská weiß, wovon sie spricht. Viele Abende sitzt sie in diesen ersten Nachkriegsjahren im Café Herrenhof. Gleich nach Ende des Ersten Weltkrieges ist sie mit ihrem Mann Ernst Polak von Prag nach Wien gekommen. Sie versucht sich heimisch zu fühlen unter all den Literaten, deren Sprache sie kaum kennt und oft nicht versteht, von welchen Büchern und Schriftstellern die Rede ist. Viele Tschechinnen und Tschechen in Österreich zieht es nach dem Zusammenbruch der k.u.k. Monarchie nach Hause, sie wollen den neu gegründeten tschechischen Staat mit aufbauen. Das Ehepaar Polak geht den umgekehrten Weg – und Ernst lebt sich schnell in der Wiener Szene ein. Er ist Fremdsprachenkorrespondent

Milena Jesenská im Alter von achtzehn Jahren.

bei der österreichischen Landesbank, fühlt sich jedoch zum Literaturkritiker berufen. Auf diesem Gebiet hat er enormes Fachwissen, ist zudem ein brillanter Plauderer und beherrscht die intellektuellen Debatten über Kunst und Literatur perfekt. Auch sein Freund Franz Werfel und viele gute Bekannte aus der Prager Zeit, Hermann Broch, Franz Blei, Karl Kraus, sind Stammgäste im Herrenhof. Polaks Frau Milena jedoch geht es schlecht. Die 22-jährige Pragerin ist jung verheiratet und sehr verliebt in ihren Mann. Der aber lässt sie in der fremden Stadt schon auf dem Bahnhof allein, um zu seiner Geliebten zu gehen. Milena fühlt sich wie „ein kleines Mädel", sie kann kein Wort deutsch und hat kein Geld. „Ich hatte damals niemanden auf der Welt."

Ernst Polak.

Das ist sie aus Prag anders gewöhnt, ihre Familie ist dort bekannt und angesehen. Der Vater ist Zahnarzt mit eigener Praxis, lehrt zudem als Professor der Kieferchirurgie an der Universität, ein Dandy-Typ mit konservativ-nationaler Überzeugung, stadtbekannt. Die Mutter liegt jahrelang krank im Bett, 1913 stirbt sie. Für die 17-jährige Milena ist ihr Tod letztlich eine Erleichterung. Am renommierten Prager Mädchengymnasium Minerva macht sie zwei Jahre später das Abitur und gehört damit zur weiblichen Elite, frei, selbstbewusst und mit Berechtigung zum Frauenstudium. Schon in der Vorkriegszeit ist Milena Jesenská eine Persönlichkeit mit Hang zu Extravaganzen. Sie macht nächtliche Ausflüge auf den Friedhof, flaniert mit wallender Mähne in fließenden, pastellfarbigen Kleidern, ohne Strümpfe mit ihren Freundinnen durch die Altstadt, klaut Blumen aus Privatgärten und Stadtparks, schwimmt in Kleidern durch die Moldau, um pünktlich zum Rendezvous zu kommen und unternimmt kleptomanische Streifzüge durch Prager Geschäfte. Sie nutzt jede Gelegenheit, die gute Gesellschaft zu brüskieren – und ihr Vater hat dann die Aufgabe, dies wieder auszubügeln. Milena stiehlt Drogen aus seiner Praxis und testet sie mit ihren Freundinnen. Sie gibt sein Geld mit vollen Händen aus – bis er per Zeitungsannonce mitteilt, für seine Tochter ab sofort keine Rechnungen mehr zu begleichen.

Nach dem Abitur studiert Milena Medizin, wechselt nach zwei Semestern zur Musik, taucht aber immer häufiger in den Künstler- und Literatencafés der Stadt auf. In den Kaffeehäusern Prags spielt sich ein großer Teil des gesellschaftlichen Lebens ab. Fast jede Berufsgruppe hat ihr Café, in dem sie sich trifft. Neben dem Standardgetränk gibt es dort eine Vielzahl an Tageszeitungen und einen zwanglosen Gesprächsort. Milena wird Stammgast im Café Arco, dort lernt sie 1916 ihre erste große Liebe kennen, den zehn Jahre älteren, erfahreneren Ernst Polak. Milena hat „das Objekt ihrer Zuwendung gefunden. Die Liebe zu Ernst Polak wird für sie zu einer Ganztagsbeschäftigung." Sie überschüttet Ernst mit teuren Geschenken, trifft sich mit ihm in seiner Wohnung, genießt dieses starke Gefühl. Ihr Vater ist entsetzt, als er von der Liaison erfährt. Unvorstellbar, seine Tochter und ein deutscher Jude! Milena wird schwanger, versucht in höchster Not eine Abtreibung und wird in letzter Minute von dem dazukommenden Professor Jesenský vor dem Verbluten gerettet. Mehrfach versucht der Vater die beiden zu trennen, rigoros steckt er die 20-Jährige für neun Monate in eine Nervenheilanstalt. „Krankhaftes Fehlen moralischer Begriffe und Gefühle" steht auf dem Einweisungsschein. Als auch diese Maßnahme nichts nutzt, gibt Milenas Vater schließlich auf: Sie darf heiraten, bekommt sogar eine Mitgift und Aussteuer – aber sie muss Prag verlassen.

1918 ist Milena also in Wien. Als „die junge Frau von Ernst Polak" begleitet sie ihren Mann ins Kaffeehaus. Franz Xaver Graf Schaffgotsch, Stammgast im Café Herrenhof, fällt auf:

Milena Jesenská 1917, kurz nach ihrer Hochzeit.

> „Sie saß da, unter den Leuten. Sie war jung und sehr hübsch, kräftig, schön gewachsen, hatte aschblondes Haar und diesen schönen kleinen Mund. Ich dachte, was hat die da verloren. Sie sprach sehr schlecht deutsch und konnte sich an der Diskussion kaum beteiligen.“[19]

Milena kennt die neueste deutsche Literatur nicht besonders gut. Die Stimmung der gepflegten Melancholie und die Neigung der Literaten zur Selbstdarstellung teilt sie nicht. Sie ist extravagant, aber dabei unkompliziert und lebensbejahend. In Wien wirkt Milena Jesenská etwas unbeholfen, ihre Gradlinigkeit und Offenheit passen nicht so ganz zu Egotrip und Egozentrik der meist männlichen Gäste im Herrenhof. Und im Vergleich mit den Journalistinnen Ea von Allesch und Gina Kaus wirkt sie wie eine Exotin, herber und unverblümter als die aparten Wienerinnen. Konversation machen, Literatur als Selbstzweck betreiben – das ist Milena zu gekünstelt, zu wirklichkeitsfremd. Aber sie genießt auch die intensiven geistigen Anregungen, neugierig und wissbegierig nimmt sie alles auf – wenn da nur nicht andere Probleme wären. Ernst Polak lebt sein eigenes Leben, sein Geld wandert nicht in die Haushaltskasse und er fühlt sich auch sonst in keiner Weise für seine Ehe verantwortlich. Er hat diverse Affären – und erwartet von seiner Frau, dies zu akzeptieren. Im Café Herrenhof gehören freie Sexualität und häufige Partnerwechsel für viele Künstler zum Lebensgefühl, man demonstriert auch auf diese Weise den Bruch mit der bürgerlichen Gesellschaft. Milena ist eifersüchtig, will dieses Gefühl aber nicht wahrhaben. Sie lässt sich für kurze Zeit mit dem Fabrikanten und Schriftsteller Hermann Broch ein, der bald darauf zu Ea von Allesch wechselt. Zu den Gefühlsverwirrungen kommen materielle Schwierigkeiten. Die Mitgift ist schnell verbraucht – rechnen und sparen ist nicht Milenas Sache –, die Aussteuer ist versetzt. Nach dem Zusammenbruch der Donaumonarchie darf kein Geld von Prag nach Wien transferiert werden, auch Päckchen werden häufig nicht befördert, Inflation und Hungersnot nehmen rapide zu.

Milena muss zum ersten Mal in ihrem Leben Geld verdienen. Sie gibt Tschechischunterricht, arbeitet zwischendurch als Übersetzerin bei Sigmund

Freud, schleppt Koffer auf dem Wiener Bahnhof und nimmt eine Stelle als Hausdame an. Und sie beginnt, angeregt durch die Atmosphäre im Herrenhof, zu schreiben.

> „Es gibt kein Brennmaterial, keine Kohle, kein Holz, keinen Koks. Die Züge fahren im ganzen Land nicht, die Fabriken stehen jeden Augenblick still, die Geschäfte schließen um fünf Uhr, in den Restaurants und Kaffeehäusern brennt ab acht Uhr ein flackerndes Karbidlämpchen. Bald soll der elektrische Strom für den privaten Gebrauch gesperrt werden, so daß wir mit Kerzen leuchten müssen, die nicht zu haben sind! Zum Heizen gibt es nichts, zum Essen gibt es nichts", schreibt sie 1919 für die Zeitung *Tribuna* in Prag.[20]

Fast jede Woche finden sich ihre Feuilletons in der kleinen, liberalen Zeitung; sie schickt die Artikel an ihre Schulfreundin Stasa Jilovská, die inzwischen dort Mitarbeiterin ist. Ab 1920 wird Milena auch Wiener Modereferentin für die Frauenseite. Und sie übersetzt die Texte eines deutschsprachigen Dichters, den sie in Prag während ihrer Arconauten-Zeit – so nennen sich die Gäste des Café Arco – flüchtig kennen gelernt hat. Bald wechselt Milena regelmäßig Briefe mit ‚ihrem' Autor Franz Kafka, ein papiernes Liebesverhältnis beginnt, es findet Jahre später Eingang in die Literaturgeschichte unter dem Titel *Briefe an Milena*. Für den zurückhaltenden Dichter ist Milena „ein lebendiges Feuer, wie ich es noch nie gesehen habe, ... dabei äußerst zart, mutig, klug". Milena geben die Briefe in dieser schmerzlichen Phase ihres Lebens Wärme und Geborgenheit, sie gewinnt nach und nach ihr altes Selbstwertgefühl zurück, genießt die „geschriebenen Küsse". Erst nach Monaten verliert der Briefwechsel an Intensität, aber das Vertrauen bleibt; wenn Milena in Prag zu Besuch ist, treffen die beiden sich manchmal. Als Kafka 1924 stirbt, schreibt Milena Jesenská seinen Nachruf.

Bis Mitte der zwanziger Jahre hat Milena sich zu einer gefragten Journalistin entwickelt. Ihre beste Informationsquelle ist das Herrenhof, Anregungen bekommt sie hier *en masse*. Aber auch auf den Straßen, im Wien der kleinen

Lerchenfelderstraße 113,
wo Milena Jesenská eine kleine Pension führt.

Leute, im Alltagsgeschehen findet sie ihre Themen und entwickelt einen eigenen Stil. Sie schreibt Artikel und Feuilletons aus Solidarität mit den Schwachen und Unterdrückten, aus humanistischer Überzeugung – und charakterisiert die Artikel „letztlich als Liebesbriefe". Ihre Freundin Gina Kaus findet: „Es gab niemanden, der so wie sie alle Nuancen verstand und sie sogar noch in grammatikalisch schlechtem Deutsch exakt wiederzugeben wußte. Sie hatte eine Seele."[21]

Als Milena in der angesehenen Prager Nationalzeitung *Národní Listy* ab 1923 einen festen Platz hat, lebt sie schon von Ernst Polak getrennt. In ihrer großen Wohnung in der Lerchenfelderstraße richtet sie eine Pension mit Mittagstisch ein, beschäftigt sogar eine Köchin. Und „übernimmt" den Liebhaber ihrer Freundin Gina, den diese loswerden will: „Ich sprach mit Milena. Ich erzählte ihr alles, sie zeigte Verständnis und versprach, sich des Grafen anzunehmen. ... Alles funktionierte aufs beste. Die beiden machten Ausflüge, gingen in Konzerte, schwammen. Wäre ich eitler gewesen, es hätte mich verletzt, wie schnell der Graf seine Liebe auf Milena übertrug."[22] Franz Xaver Graf Schaffgotsch ist ehemaliger österreichischer Offizier, 1920 kommt er als überzeugter Kommunist aus dem revolutionären Russland nach Wien zurück und wird regelmäßiger Besucher im Café Herrenhof. Hier trifft er Milena wieder, die er beim Kofferschleppen am Wiener Franz-Joseph-Bahnhof kennen gelernt hat. Im Herbst 1923 zieht er als Untermieter bei ihr ein. Milena geht mit ihm zu kommunistischen Versammlungen, verliebt sich in ihn und genießt die „Liebesgabe" ihrer Freundin Gina. Diese ist verheiratet, Mutter eines dreijährigen Sohnes und begeistert sich für kommunistische Ideen. Vor allen Dingen aber ist sie Schriftstellerin und Café-Herrenhof-Aktivistin.

Geboren als Regina Wiener 1893 in der Berggasse, „schräg gegenüber von Freud", wächst Gina Kaus in ziemlich armen Verhältnissen in der Leopoldstadt auf – in der Ferdinandstraße, Veza Canettis *Gelber Straße.* Sie geht aufs Mädchenlyzeum, zusammen mit Anna Freuds Schwester Sophie. Mit knapp 20 Jahren heiratet sie den jungen Musiker Josef „Pepi" Zirner aus reicher jüdischer Juweliersfamilie. Es ist die große Liebe; als Pepi zwei Jahre später im Krieg stirbt, ist um Gina monatelange „schwarze Finsternis". Sie hatte ihn unter waghalsigen Umständen an der Front besucht, er war daraufhin strafversetzt worden, jetzt fühlt sie sich schuldig. Sie erwacht erst wieder aus ihrer Lethargie, als sie Josef Kranz, einen einflussreichen Verwandten ihrer Schwiegereltern, kennen lernt. Damit beginnt eine skandalträchtige Geschichte, die in Wiener Gesellschaftskreisen für Aufsehen sorgt. Kranz ist eine prominente Schieberfigur, unumwunden macht er der jungen, schönen Witwe ein unmoralisches Angebot: Als seine Geliebte soll sie zu ihm in das Palais Kranz ziehen. Um ihr das Luxusleben schmackhaft zu machen, lädt er sie zu Autofahrten ein – in einer Zeit, in der nur hoch gestellte Persönlichkeiten noch Benzin bekommen – und überhäuft sie mit luxuriösen Geschenken. Mit seinem Geld kann Gina die Schulden ihres Vaters begleichen, mit seinen Beziehungen kann Kranz Ginas Freund, den Publizisten Franz Blei, vor dem Militärdienst schützen und als Sekretär einstellen. Nur die offizielle Rolle einer Geliebten gefällt Gina nicht, sie findet eine abstrus-originelle Lösung: Der dreißig Jahre ältere Millionär soll sie als Tochter adoptieren. „Als solche konnte ich legitim in sein Haus einziehen – was wir nachts taten, ging niemanden etwas an!" Und so geschieht es auch. Mitte 1916 zieht Gina, die junge Witwe mit Mannequin-Figur und kessem Bubikopf – zu dieser Zeit noch eine Ausnahme – in das Palais Kranz, ein riesiges, neubarockes Gebäude in

Das Palais Kranz.

der Liechtensteinstraße 53/55. Sie hat ein modern eingerichtetes Zimmer mit Balkon zum Garten und das größte Badezimmer, das sie je gesehen hat: Mit echter Marmorbadewanne und Bidet, mit einem riesigen dreiteiligen Spiegel, Toilettentisch und großer Couch mit weißem Fell. Die Couch begeistert sie, denn in ihrem Zimmer gibt es zwar ein wunderschönes Bett, das aber tagsüber mit einem Seidenrahmen überspannt ist, so dass sie nicht darauf ruhen kann. Gemeinsam mit der Hausdame, die profunde Kenntnisse des Schwarzmarktes hat, unterstützt Gina ihre Eltern. Selbstkritisch gesteht sie sich ein, Kranz eine schlechte Hausfrau und eine schlechte Geliebte zu sein. Ihr Lebensinhalt ist keineswegs das Palais.

> „Ich ging, wann immer ich konnte, ins Café Herrenhof, meist nach dem Mittagessen, wenn man fast immer vollzählig zum schwarzen Kaffee beisammen war."

Hier entsteht die Idee, eine Zeitung zu machen. Kranz sieht sich als Mäzen für das Vorhaben und finanziert Gina eine Wohnung, die offiziell die Redaktion der neuen Zeitschrift *Summa* ist. In der Strudlhofgasse findet Gina eine Atelierwohnung, drei Zimmer, Küche und einen wunderschönen Ausblick in den Garten eines Klosters. Sie sucht sich alte Möbel vom Speicher, stöbert seltene Bücher auf, lässt Regale anfertigen für die *Summa,* wie das Atelier kurz genannt wird. Sie ist Ginas Arbeitsstätte und ihr Freiraum, hier geht sie meist gleich nach dem Frühstück hin, hier stehen ihr Schreibtisch, ihre Schreibmaschine und ihre Bücher. Und hierher kommen ihre Freundinnen und Freunde, vor al-

RECHTS **Gina Kaus, 1927.**

lem am Sonntagnachmittag, wenn Kranz seinen Mittagsschlaf macht. Sie sorgt für Essen und Getränke, denn 1917 hat die „Zeit des großen Hungers" begonnen. Abends kommt Franz Werfel. Gina liebt seine Gedichtbände, hört ihn gerne vortragen und erzählen. Er ist lebhaft und kühn im Ausdruck, wettert gegen die Bourgeoisie und vor allem gegen die Großbourgeoisie. „Ich fühlte mich ihr nicht zugehörig. In der *Summa* war ich eine Renegatin, eine Revolutionärin." Werfel nennt die Zeitschrift „Gesetzestafel", auf hochintellektuellem Niveau diskutieren die Autoren kulturpolitische und philosophische Themen. Auch Hermann Broch schreibt für die *Summa.* Meist kommt er morgens vorbei, zwischen diversen Terminen für seine Textilfabrik. Er ist witzig und ironisch, verheiratet, aber immer ohne seine Frau unterwegs. Nach einer kurzen Affäre mit Milena Jesenská wird er der Lebensgefährte von Ea von Allesch.

Gina fühlt sich mehr und mehr zu revolutionären Ideen hingezogen, das private Verhältnis zu Kranz kühlt merklich ab. Die *Summa* wird eingestellt, Gina muss die Atelierwohnung aufgeben. Werfel, der dringend eine Unterkunft sucht, zieht zur Untermiete ein und trifft sich hier gelegentlich mit seiner Geliebten Alma Mahler. Nach dem Krieg ist Gina mehr denn je im Herrenhof. Das Hauptthema ist die Politik. Alle sind links, grenzen sich aber vom Bolschewismus deutlich ab. Die ersten Kriegsteilnehmer kommen zurück, unter ihnen Otto Kaus, ein alter Freund. Vor dem Krieg hatte er Medizin studiert, jetzt schreibt er über Dostojewski und Strindberg und veröffentlicht im angesehenen deutschen Piper Verlag. Kaus ist Kommunist, mit ihm geht Gina zu Parteiversammlungen und politischen Kundgebungen. In diesem Winter wird auch sie zur Kommunistin und beginnt ein Verhältnis mit Otto. Sie beendet ihr Lustspiel *Diebe im Haus* und schickt es an mehrere Theater in Wien. Das renommierte Burgtheater nimmt es an. Der Traum jeder jungen Schriftstellerin wird damit wahr. Die Premiere im Oktober 1919 ist ein Erfolg, nur ist das Publikum erstaunt, als sich der „Autor Andreas Eckbrecht" als Frau outet. In diesem Jahr heiraten Gina und Otto Kaus. Beide sind, wie fast alle im Herrenhof, überzeugte Anhänger der „freien Liebe" und gegen bürgerliche (Ehe)Vorstellungen. Jetzt ist Gina hochschwanger mit einem Wunschkind, da ist sie bereit, Konzessionen an ihre alternative Lebensanschauung zu machen. Sie findet „eine sehr kleinbürgerliche Wohnung in einer sehr kleinbürgerlichen Gegend, fünf Minuten von einem richtigen Elendsviertel entfernt ... Ich hielt das Ganze für eine Improvisation, ich war überzeugt, in wenigen Monaten werde die Wohnungsnot ein Ende haben, und ich könnte leicht eine größere, schönere Wohnung in einer besseren Gegend finden. Ich blieb dreizehn Jahre lang in der Hyegasse."[23] Ginas Sohn Otto wird 1920 geboren. Inzwischen schreibt Gina Kaus Kurzgeschichten für die Wiener *Arbeiter-Zeitung* und hat erfolgreich ihre Novelle *Der Aufstieg* veröffentlicht. Sie führt ein recht komfortables Leben, indem sie Börsenspekulationen für einen Finanzier durchführt: Per Telefon bekommt sie Anweisungen für den Kauf und Verkauf von Aktien, von dem Gewinnanteil kann sie ihren Alltag gut finanzieren. Gina und Otto trennen sich, obwohl Gina ein zweites gemeinsames Kind erwartet. Der Glaubenssatz der absoluten sexuellen Freiheit hat sich in der Realität als unbrauchbar erwiesen. Gina genießt die Unabhängigkeit von ihrem Mann, ihr Leben in der Literaturszene und ihre Erfolge als Autorin. In dieser Zeit beginnt ihre Freundschaft mit Karl Kraus, dem bissigen Herausgeber der Kulturzeitschrift *Die Fackel.* Kraus ist Satiriker mit hoher Sprachkunst und gewaltigem Wortwitz, ein überzeugter Sozialist. Der scharfe Beobachter von Politik und Kultur hält Vorlesungen an der Wiener Universität. Er ist Wiens „graue Eminenz" und soziales Gewissen. Zehn Jahre lang ruft er jeden Morgen bei Gina an – wenn sie aufsteht und er nach seiner nächtlichen Schreibarbeit ins Bett geht. Kraus kauft

Wiens moralische Instanz: Karl Kraus.

ein Auto, mietet einen Chauffeur und fährt mit Gina und der gemeinsamen Freundin Helene Kann spazieren. Sie besuchen kleine Dörfer, schwimmen in den öffentlichen Badeanstalten um die Wette und machen Touren in das unberührte Gebiet der Lobau. Hier, zwischen den halb ausgetrockneten Flussarmen der Donau, gibt es keine Bauernhäuser oder Gaststätten, kaum richtige Wege, die Rückkehr zum Auto ist immer ein tolles Suchspiel.

Während ihrer zweiten Schwangerschaft hat Gina Kaus die Idee, eine Zeitschrift für Mütter zu gründen. Sie sammelt Artikel bei Ärzten – hochschwanger macht sie mächtigen Eindruck auf die Herren – und schreibt den Leitartikel für die erste Nummer, die Anfang Dezember 1924 kurz nach der Geburt ihres zweiten Sohnes Peter erscheint. Viele der Leserinnen schreiben Briefe oder richten ihre Anfragen an die Redaktion der *Mutter.* Deshalb eröffnet Gina einige Monate später eine Frauenberatungsstelle, ein kleines fensterloses Zimmer in der Druckerei der Zeitschrift, in das Frauen täglich zwischen zwei und vier Uhr kommen, um ihre Probleme zu besprechen. Wenn eine Frau oder ihr Kind krank ist, gibt Gina ihnen die Adresse eines Arztes, der diese Patientinnen fast kostenlos behandelt. Andere Fachleute halten Sprechstunden vor Ort ab. Einmal in der Woche kommt ein Schüler des Wiener Individualpsychologen Alfred Adler, mit dem Gina befreundet ist, der schwierige Neurosen behandelt, ein anderes Mal ein junger Anwalt, um Unterhalts- oder Scheidungsangelegenheiten zu besprechen.

Als *Die Mutter* mangels Finanzen einzugehen droht, reist Gina nach Berlin, um sie an den Ullstein Verlag zu verkaufen. Statt der Zeitschrift liest der Lektor ihre Novellen und bietet ihr tausend Mark Vorschuss für die Option auf einen Roman.

> „Meine Freude war unbeschreiblich. Ich hatte heimgefunden.
> Es war mir ganz gleichgültig, was mit der *Mutter* geschah. Ich
> war eine Schriftstellerin."[24]

Statt eines Romans schreibt Gina Kaus die Schulmädchenkomödie *Toni,* die später an fünfzig deutschen Bühnen gespielt wird.

Auch privat gibt es Veränderungen. Sie beginnt eine Liebesbeziehung mit Eduard Frischauer, dem Mann ihrer Freundin Ella, der sie als Rechtsanwalt bei der Scheidungsklage vertreten hat. Als Ella einen Selbstmordversuch macht, ist Gina für die Herrenhof-Clique die Schuldige, ihre Situation in Wien ist unhaltbar. Sie fährt nach Prag, um Milena zu besuchen.

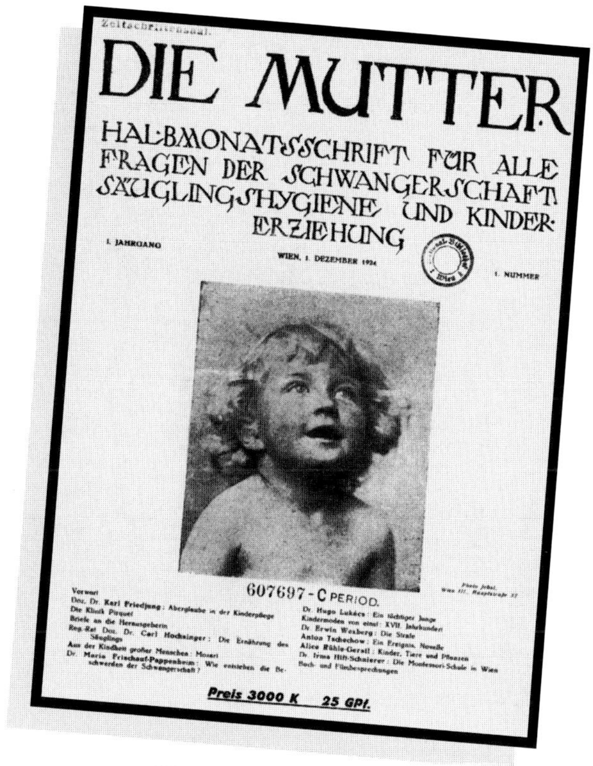

DIE MUTTER

HALBMONATSSCHRIFT FÜR ALLE FRAGEN DER SCHWANGERSCHAFT SÄUGLINGSHYGIENE UND KINDERERZIEHUNG

I. JAHRGANG — WIEN, 1. DEZEMBER 1924 — 1. NUMMER

607697 - C PERIOD.

Vorwort
Doz. Dr. Karl Friedjung: Aberglaube in der Kinderpflege
Die Klinik Pirquet
Briefe an die Herausgeberin
Reg.-Rat Doz. Dr. Carl Hochsinger: Die Ernährung des Säuglings
Aus der Kindheit großer Menschen: Mozart
Dr. Marie Frischauf-Pappenheim: Wie entstehen die Beschwerden der Schwangerschaft?
Dr. Hugo Lukács: Ein tüchtiger Junge
Kindermoden von einst: XVII. Jahrhundert
Dr. Erwin Wexberg: Die Strafe
Anton Tschechow: Ein Ereignis. Novelle
Alice Rühle-Gerstl: Kinder, Tiere und Pflanzen
Dr. Irma Hift-Schnierer: Die Montessori-Schule in Wien
Buch- und Filmbesprechungen

Preis 3000 K 25 Gpf.

„Die Mutter", Titelblatt der ersten Ausgabe vom Dezember 1924.

Es ist 1926. Milena Jesenská lebt seit einem Jahr wieder in Prag. In Wien hat sie fünf Jahre journalistische Erfahrung gesammelt. Die meisten ihrer Artikel hat sie zum Thema Mode geschrieben, viele auch zur Nachkriegssituation in Wien. Jetzt veröffentlicht sie in Prag Filmkritiken, Feuilletons zu sozialen Begebenheiten, über groteske Situationen.

„Möbelträger sind bewundernswerte Menschen. Sie sind wohl die Nachfahren der Zyklopen. Ein Mann kommt, wirft sich das Klavier über die Schulter und trägt es fort. Er hat nicht die geringste Beziehung zu den Dingen, die er die Treppen hinunter und die Treppen hinauf schleppt. Möbelträger sind sehr sachlich und nüchtern, auf ein Poltern und Krachen mehr oder weniger kommt es ihnen nicht an. Versuchen Sie, ihnen die eigene Ansicht über ihr Porzellan zu erläutern, und Sie werden beschämt verstummen, wenn Sie Vasek sehen – einer von ihnen heißt Vasek –: Er kommt herein, nimmt auf den Rücken einen Bücherschrank und in jede Hand einen Lehnstuhl und wird von seinen Kameraden mit einem Schrei angehalten:

> ‚Mann, du wirst doch nicht leer runtergehen!' Ich empfinde lediglich schüchterne Bewunderung für so riesige Kraft und für die Schweißperlen auf dem sonnengebräunten Gesicht und trage meine ramponierten Stühle selber ergeben zum Wagen."[25]

Milena hat sich in der kulturellen Szene einen Namen als Journalistin gemacht. Das Prag der zwanziger Jahre ist in Aufbruchstimmung, sucht sein kulturelles und politisches Selbstbewusstsein als Hauptstadt der ersten tschechoslowakischen Republik. Das Land will sich öffnen und emanzipieren. Dazu gehören auch moderne, selbstbewusste Frauen. Milena verkörpert diesen Typ, man bewundert ihren „Wiener Chic" und nimmt sie bereitwillig in die Gesellschaft auf. Ihre Frauenseite in der *Národní Listy* wird immer populärer, ungeduldig warten die Leserinnen in Prag, Brünn und auf dem Lande schon sonntags auf ihre nächsten Artikel. Milena hat einen Stab von Mitarbeiterinnen, „Milenas Team" heißen sie scherzhaft. Die Frauen diskutieren die Modetrends aus Paris und New York, testen Babynahrung, geben Tipps zur Gesundheitspflege und zur Wohnungseinrichtung. Sie treffen sich tagsüber in Kaffeehäusern und abends in Nachtlokalen, wo der Jazz gespielt wird. Milena ist wieder die stadtbekannte Jesenská – und sie genießt ihr Leben. Meist bewegt sie sich in den Kreisen des „Devetsil", einem Zusammenschluss von linken avantgardistischen Intellektuellen aus Architektur, Malerei, Film und anderen Kulturbereichen. Alle teilen und diskutieren ihre Ideale und Lebensentwürfe. Hier findet Milena Jesenská ihre zweite große Liebe, den Architekten Jaromír Krejcar. 1927 heiraten Milena und Jaromír – und sogar Professor Jesenský ist zufrieden. In Milenas Wohnung trifft sich samstags die Avantgarde – bei heißen Würstchen, Milchkaffee und Croissants. Neben der Arbeit für *Národni Listy* ist Milena zusammen mit ihrer besten Freundin Stasa Jilovská Redakteurin der neuen Illustrierten *Pestrý Týden*. Beide Frauen hören aber nach einem Jahr wieder auf, sie sind dem Herausgeber zu anspruchsvoll und zu „links". „Ich bin jetzt zum ersten Male nach fünfzehn Jahren eines wirklich schlimmen Lebens glücklich", schreibt Milena. Dies Gefühl steigert sich noch, als sie mit 32 Jahren schwanger wird. Kurz vor der Geburt bekommt sie eine schwere Gelenkentzündung. Ihre Tochter kommt gesund zur Welt, aber Milenas rechtes Knie bleibt steif. Die Therapie ist grausam, nur unter Morphium zu ertragen. Als Milena das Krankenhaus verlässt, ist sie süchtig und ein Krüppel. Hinzu kommen berufliche Probleme, die Kündigung bei *Národní Listy* und damit Geldsorgen. Die Beziehung zwischen Milena und Jaromír wird brüchig, Milenas Morphiumsucht ist eine ständige Belastung. Zeitweilig arbeitet sie für die Kommunistische Partei und schreibt Artikel für Parteiorgane, lernt darüber ihren neuen Lebensgefährten Evzen Klinger kennen. Mit ihrer Tochter Jana-Honza zieht sie in eine kleine Wohnung, lebt ärmlich, braucht ständig Morphium. Von der KPT distanziert sie sich schnell wieder, die rigorose Unterwerfung unter die Parteidoktrin macht sie wütend. „Ich konnte nicht mehr, ich konnte es nicht mehr aushalten. An einem Tag war etwas weiß, am anderen das gleiche schwarz, und immer war richtig nur das, was die Partei gerade vertrat."[26]

Ab 1936 erlebt Milena Jesenská eine Zeit extremer Not und einer tiefen Krise. Sie schafft den Drogenentzug in einer Klinik, hat eine neue Festanstellung bei der Wochenzeitschrift *Prítomnost* (Gegenwart), aber die politische Situation überschattet alles. Prag ist die geheime Hauptstadt der antifaschistischen deutschen Emigration. Milena schreibt engagierte Artikel, reist in Grenzgebiete, informiert und warnt vor dem nationalsozialistischen Terror.

> „Alles, was wir machen und arbeiten, ist vergiftet durch die Sicherheit, daß ein Wunder geschehen müßte, wenn wir am Leben bleiben sollten", schreibt sie 1938.[27]

Das Wunder geschieht nicht. In ihren letzten Monaten in Prag ist Milena eine entschlossene und mutige Widerstandskämpferin, versteckt und betreut in ihrer kleinen Wohnung verängstigte Flüchtlinge. Sie bleibt. Geht zu den wöchentlichen Gestapo-Verhören. Und versteckt weiter. Bis sie in „präventive Schutzhaft" genommen und ins Frauen-Konzentrationslager Ravensbrück, achtzig Kilometer nördlich von Berlin, deportiert wird. Dort stirbt Milena Jesenská am 17. Mai 1944 mit 47 Jahren.

Gina Kaus' Roman *Die Verliebten,* inspiriert durch die Prager Gespräche mit ihrer Freundin Milena, erscheint 1928 in Berlin. Gina pendelt zwischen den beiden Metropolen, besucht in Berlin oft ihre Freundin Vicki Baum. Die

Der Philipphof. Hier wohnt Gina Kaus ab 1933 als erfolgreiche Schriftstellerin.

Wienerin lebt hier seit drei Jahren als erfolgreiche Schriftstellerin und Lektorin des Ullstein Verlags. Gina arbeitet an weiteren Romanprojekten, viele Veröffentlichungen in Zeitungen und Zeitschriften folgen. Trotzdem fehlt oft Geld, da Ginas neuer Lebensgefährte Eduard Frischauer eine Menge Schulden hat. Im Januar 1933 zieht Gina mit ihren beiden Söhnen und Eduard in den Philipphof, eines der schönsten Häuser Wiens, wenige Meter von der Hofburg entfernt. Die Wohnung hat eine runde Bibliothek, mit runden Fenstern und Blick über die patinabedeckten Dächer der Hofburg bis zum Kahlenberg. Die Einweihung mit Freundinnen, Freunden und Champagner Ende Januar 1933 ist der Start in ein neues Leben. Fünf Tage später wird Hitler in Deutschland Reichskanzler. Als jüdische Schriftstellerin steht Gina Kaus auf der schwarzen Liste der Nazis. Ihr neuer Roman *Die Schwestern Kleh* erscheint in Amsterdam beim Verlag Allert de Lange, der in den nächsten Jahren sehr viel Exilliteratur verlegt. Ginas neue Wohnung wird in den ersten Wochen nach der „Machtergreifung" Fluchtpunkt für deutsche Schriftstellerinnen und Autoren, unter anderem für Bertolt Brecht. Bald trennt sich der Kreis, die Emigration beginnt, auch österreichische Künstlerinnen und Künstler gehen jetzt ins Exil nach Paris, London, Zürich, New York. Gina will das gemeinsame Familienleben nicht aufgeben, arbeitet außerdem an einer Biografie über Katharina die Große. Diese wird in vielen Sprachen ein enormer Erfolg, in Amerika ein Bestseller.

1938 flieht Gina Kaus mit zwei Handkoffern über Zürich nach Paris, findet Arbeit als Drehbuchautorin. Gut ein Jahr später emigriert sie mit ihren Söhnen und Eduard Frischauer in die USA und lässt sich an der Westküste in Los Angeles nieder.

„IHRE GESCHICHTEN SIND LEIDER DIE BESTEN!"

> „Abends las sie in alten Schulbüchern. Sie wollte sich bilden, damit genug von dem frischen Brot da war, das sie täglich so bedächtig verteilen mußte. Arbeit am Tage, Arbeit abends und Arbeit sonntags, um die Mutter zu entlasten. Und weil nie Farbe in die Monotonie ihres Lebens kam, wurde ihre Miene vergrämt, ähnlich der des Vaters."[28]

Die 19-jährige Anna arbeitet sich in der Textilfabrik von der einfachen Arbeiterin bis zur Kontoristin hoch. Dann werden Leute entlassen, und auch Anna ist dabei – weil ihr Aussehen dem Fabrikanten nicht gefällt und sie „so muffelig" ist. Alle Versuche der jungen Frau, eine neue Arbeit zu finden, scheitern. Sie verzweifelt, verliert ihren Lebensmut, erfriert im Schnee.

Der Sieger heißt diese Erzählung, die 1932 in der Wiener *Arbeiter-Zeitung* erscheint. Venetiana Taubner-Calderon veröffentlicht sie unter ihrem Pseudonym Veza Magd. Die Schriftstellerin ist Mitte dreißig. Reflektiert und deutlich bezieht sie in ihren Werken Stellung zu den sozialen Problemen ihrer Zeit, ergreift Partei für die Schwachen, schreibt über erniedrigte Ehefrauen, rechtlose Arbeiterinnen und Dienstmädchen, über Mitgiftjäger und prügelnde Ehemänner. Ihr Thema sind nicht die um Selbständigkeit kämpfenden Bubiköpfe, denn anders als das moderne, pulsierende Berlin ist Wien Ende der zwanziger, Anfang der dreißiger Jahre immer noch von der monarchistischen Habsburgergeschichte geprägt, wo alte Normen und Standesdünkel sich nur langsam auflösen.

Venetiana Taubner-Calderon, „deren prunkender Name in dem schmalen Veza nur zu ahnen war", wird 1897 in Wien geboren. Der Vater stirbt früh, die Mutter geht mit einem mehr als zwanzig Jahre älteren Mann die dritte Ehe ein, um ihre Tochter finanziell abzusichern. Nach dem Abitur bildet Veza sich im Selbststudium fort. Ihr Englisch perfektioniert sie durch häufige Besuche

Veza Canetti in den dreißiger Jahren.

bei Verwandten in England. Nach dem ersten Weltkrieg unterrichtet sie an einem Privatgymnasium. „Immer, wenn ich zu spät kam, zog der Direktor bedeutungsvoll die Uhr, sagte aber nichts. In vier Jahren hatten wir die Schule heruntergewirtschaftet, seitdem Stundengeben und Übersetzungen", so ihre knappe autobiografische Notiz. Mitte der zwanziger Jahre lernt sie den acht Jahre jüngeren Elias Canetti kennen. Er ist voller Bewunderung für seine Freundin, die wie er regelmäßig die Vorlesungen des scharfzüngigen Literaturkritikers Karl Kraus besucht.

„Sie sah sehr fremd aus, eine Kostbarkeit, ein Wesen, wie man es nie in Wien, wohl aber auf einer persischen Miniatur erwartet hätte. Ihre hochgeschwungenen Brauen, ihre langen, schwarzen Wimpern, mit denen sie, auf virtuose Weise, bald rasch, bald langsam spielte, brachten mich in Verlegenheit."[29]

Nicht nur ihr faszinierendes Äußeres, auch ihre große Belesenheit beeindruckt den jungen Canetti, der sich in dieser Zeit noch mit einem Chemiestudium plagt. Für ihn wird Veza ab 1924 Partnerin und Lehrerin in philosophischen und literarischen Fragen. Sie führt ihn heran an Shakespeare, Poe, Molière, Flaubert. Und schockiert ihn, den Kraus-Verehrer, mit Heinrich Heine.

> „Nichts hatte Karl Kraus so sehr verpönt wie Heine. Ich glaubte ihr nicht, ich dachte, sie mache sich einen Scherz mit mir und selbst über diesen Scherz war ich erschrocken ... Ich sah sie vor mir, in der ersten Reihe bei Karl Kraus, blitzend und voller Erwartung, und dabei hatte sie vielleicht noch knapp vorher im Heine, in den ‚Französischen Zuständen' gelesen. Wie wagte sie es, ihm so unter die Augen zu treten?"[30]

Doch Veza bildet ihr Urteil lieber selbst, statt es sich im Hörsaal dozieren zu lassen. Den Stoff für viele ihrer engagierten Geschichten findet die Schriftstellerin vor ihrer Haustür, im zweiten Wiener Gemeindebezirk, der Leopoldstadt. Die Ferdinandstraße ist die Meile der Lederhändler, deren Waren die Straße gelb erscheinen lassen. Vezas Roman *Die Gelbe Straße* beschreibt das Leben in diesem Stadtteil. Hier wohnt bis zum Beginn des Nationalsozialismus die Mehrzahl der Wiener Jüdinnen und Juden, so auch Veza mit Mutter und Stiefvater. Die Atmosphäre zu Hause ist geprägt durch den gewalttätigen Ehemann der Mutter, vor dessen Brutalitäten sich Veza als Jugendliche nur in Sicherheit bringen kann, indem sie sich einschließt.

> „Dann, als sie größer und anziehender wurde, pflegten die Schlüssel zu verschwinden, und wenn der Schlosser neue brachte, verschwanden auch diese. Die Mutter ging aus, das Dienstmädchen war nicht immer da, der Alte, wenn er auf etwas begierig war, hatte trotz seines Alters Kraft für drei und hätte auch Frau, Stieftochter und Dienstmädchen zusammen überwältigt."[31]

Ihre Erfahrungen schärfen Vezas Blick für die Gewaltverhältnisse zwischen Männern und Frauen. „Sie konnte nicht liegen, die Beulen brannten sie wie Feuer. Da merkte sie, wie er zu ihr heranrückte. Sie wollte aufspringen, er faßte ihre zerbeulten Arme. Sie rang mit ihm, sie stieß um sich und biß ihn. So empfing sie ihr zweites Kind."[32] Das nüchterne Protokoll einer ehelichen Vergewaltigung, ein Auszug aus *Die Gelbe Straße.*

„Ihre Trauer war abgründig: Sie enthielt und bewahrte alles, was ungerecht war", schreibt Elias Canetti in seinen Erinnerungen. *Der Unhold, Der*

Sieger, Der Verbrecher betitelt Veza ihre komprimierten Erzählungen, die ab 1932 in der angesehenen Wiener *Arbeiter-Zeitung* veröffentlicht werden. Das zentrale Organ der österreichischen Sozialdemokratie, eine der besten und wichtigsten Zeitungen im Land, ist offen für unterschiedliche politisch linke und literarische Strömungen und richtet sich an ein breites Publikum. Im Feuilleton werden Erzählungen der modernen Autorinnen und Autoren vorgestellt. Der Literaturredakteur überzeugt die 35-Jährige, unter Pseudonym zu veröffentlichen, denn „bei dem latenten Antisemitismus kann man von einer Jüdin nicht so viele Geschichten und Romane bringen, und Ihre sind leider die besten". So schreibt Veza unter Veronika Knecht, Martha Murner und Veza Magd.

> „Die Wahl des Namens entsprach ihrer Art. Sie war stolz und voller Scham. Ihre Güte war das Destillat einer dunkel glühenden Leidenschaft. Schönes weißes Gesicht; Schnee bedeckt den Vulkan. Schwarzer Handschuh, mag es noch so heiß sein; denn ihr fehlt ein Arm. Anstatt einer Prothese trägt sie einen mit Bauschen ausgestopften Ärmel, der schlaff herabhängt. Man fragt nicht danach, man spricht nicht davon, doch dieser Defekt ist ein Bestandteil ihrer Persönlichkeit. Sie hat gelernt, sich so zu bewegen, mit solcher Souveranitat, als fehle dieser Arm nicht, gelernt, über Fehlendes, nicht in Erfüllung Gegangenes hinwegzusehen."[33]

So erinnert sich Ernst Fischer, bekannter österreichischer Reformkommunist und Kulturredakteur der *Arbeiter-Zeitung.* Veza ist mit der Körperbehinderung zur Welt gekommen, der linke Unterarm fehlt, die Hand ist am Ellbogen angewachsen. Ihr Leben lang kaschiert sie diese Behinderung und auch der Freundeskreis respektiert das Tabu.

Ernst Fischer sitzt in der Jury, die der Autorin 1933 den Kurzgeschichtenpreis der Zeitung zuerkennt. Einige Monate vorher ist ihre Erzählung *Geduld bringt Rosen* in der Anthologie *30 neue Erzähler des neuen Deutschland. Junge deutsche Prosa* im Berliner Malik Verlag erschienen. Veza gilt als brillantes Talent. Elias Canetti, der spätere Literatur-Nobelpreisträger, weiß zu dieser Zeit noch nicht, ob er je einen Verleger für seinen ersten Roman finden wird. Für die junge Hilde Spiel, die ihn in den frühen dreißiger Jahren oft im Café Schottentor trifft, ist er deshalb nur der „Mann der Schriftstellerin Veza Magd, ein merkwürdiger interessanter Chemiker, der auch starke intellektuelle Interessen" zeigt.

1933 hebt Bundeskanzler Dollfuß die österreichische Verfassung auf und regiert mit Hilfe eines Ermächtigungsgesetzes. Im Februar 1934 kommt es in Wien zu einem dreitägigen Bürgerkrieg. Danach werden die linken Publikationsorgane verboten. Ernst Fischer und seine Frau, die Schriftstellerin Ruth von Mayenburg, verstecken sich bei den Canettis in der Ferdinandstraße, wo Veza und Elias jetzt zusammen wohnen. Ruth von Mayenburg schreibt in ihren Erinnerungen über diese Zeit: „Elias Canetti war sehr arm. Seine Frau Veza, eine Spaniolin von der poetischen Schönheit der Schwarzen Madonna von Czenstochau ... trug die Hauptlast einer kärglichen Existenz. Er hatte nur eines verschwenderisch zu seiner Verfügung – Zeit –."[34] Aber die Vernichtung der linken Presse macht es Veza praktisch unmöglich, ihre Arbeiten weiterhin zu veröffentlichen. In der Exilzeitschrift *Neue deutsche Blätter* erscheint 1934 *Drei Helden und eine Frau* von Veronika Knecht als letzte Veröffentlichung Veza Canettis vor dem Zweiten Weltkrieg. In dieser Erzählung verarbeitet sie die Februar-Ereignisse:

> „Es begann damit, daß die Arbeiter, die in den Gemeindehäusern wohnen, von ihren Brüdern mit Kanonen beschossen wurden. Das große Gemeindehaus, in welchem Frau Schäfer seit Jahren die Arbeit besorgte, mußte sich ergeben, die Waffen wurden abgeliefert, und die Arbeiter flüchteten durch einen unterirdischen Gang in das Kirchlein. Sie glaubten sich geborgen. Einer nach dem andern wankte freudetrunken aus der Kirche in die Freiheit, und jeder, der aus der Kirche trat, wurde auf der Stelle erschossen ..."[35]

1934 ist auch das Jahr, in dem Veza und Elias Canetti heiraten. Vezas Mutter ist sehr krank und stirbt im Herbst des gleichen Jahres. Der Verlust trifft Veza, deren Bindung zu ihrer Mutter eng war, tief. Im Jahr darauf bezieht das Ehepaar Canetti, finanziell unterstützt durch einen Bruder von Elias, eine Dreizimmerwohnung im Wiener Villenvorort Grinzing. Veza leidet darunter, dass ihr Mann immer wieder Affären mit anderen Frauen hat. Auch in Alma Mahlers Tochter Anna hat er sich verliebt, wird von ihr jedoch abgewiesen. Veza „liebt Elias, betet ihn an, leidet unter ihm, wirft es sich vor, daß sie leidet, sehnt sich danach, seine einzige Frau zu sein, duldet nicht, daß diese Sehnsucht sie übermannt. Nie spricht sie von sich", so Ernst Fischer.

> „Das Land verlassen. Dieser Satz und dieses Gebot sind in der Stadt Mitteleuropas, die einmal die fröhlichste Stadt genannt wurde, an der Tagesordnung … Die Angst herrscht jetzt im Herzen Europas, deren Bewohner die ‚Liebenswürdigen' genannt wurden. Deren Häuser Geschichte waren. Deren Frauen Schubertlieder sangen. Die Angst trägt eine braune Uniform und die Swastika. Sie steigert sich in eine schwarze Uniform mit Totenköpfen. Sie erreicht den Höhepunkt in einem Führer, der nichts Menschliches an sich hat als seine Unmenschlichkeit."[36]

Veza Canettis Roman *Die Schildkröten* schildert die Ereignisse in Wien 1938, den „Anschluss" Österreichs an das Deutsche Reich. Unter der Nazi-Willkür verlieren die Canettis ihre Wohnung in Grinzing, ziehen vorübergehend in eine Pension. Im November fliehen sie aus Wien, zunächst nach Paris zu Elias Canettis Bruder, dann weiter nach London. Dort schreibt Veza den Roman innerhalb weniger Monate. Ein englischer Verlag nimmt 1939 das Manuskript an, aber der Kriegsausbruch verhindert die Veröffentlichung.

Veza schreibt weiter, auch in englischer Sprache. Sie arbeitet als Übersetzerin, überträgt unter anderem Graham Greenes *The Power and the Glory* ins Deutsche. Die finanzielle Situation der Canettis ist verzweifelt, und wie bei so vielen Künstlerehepaaren, die ins Exil gehen müssen, ist es die Frau, die sich um weitere Arbeiten bemüht: „I am looking for a job. Ich kann commercial correspondance in 3 Sprachen, wenn Sie von etwas erfahren, schrei-

Veza und Elias Canetti im Garten ihrer Grinzinger Wohnung.

ben Sies mir", bittet Veza einen Schriftstellerkollegen. Deutsche und Schweizer Verlage und Theater, mit denen sie Kontakt aufnimmt, zeigen kein Interesse an ihren Werken. Politisch engagierte Prosa einer Autorin, die sich noch in den fünfziger Jahren „Sozialistin" nennt – damit ist in den Zeiten des kalten Krieges kein Staat zu machen. „Ich bin sarkastisch, es rettet mich", erklärt sie Hermann Broch, dem gemeinsamen Freund aus Wiener Tagen. Doch als 1956 erneut ein Manuskript abgelehnt wird, vernichtet sie in einem Anfall von Schwermut den größten Teil ihrer Arbeiten und schreibt seitdem nichts mehr. Sie widmet sich nun ausschließlich dem literarischen Werk ihres Mannes, tippt seine Manuskripte, führt seine Korrespondenz mit Freunden, Bekannten und Verlagen. Ähnlich Alma Mahlers Rolle für Franz Werfel, versucht Veza Canetti Ablenkungen von Elias fernzuhalten, zwingt ihn geradezu an den Schreibtisch. Er fordert mehr Freiheit und Distanz, jahrelang leben die Eheleute in getrennten Wohnungen. „Wie es uns geht? Canetti arbeitet sehr konzentriert und das ist ein Glück. Unser einziges", schreibt sie 1957 an einen Freund. In ihrem Briefkopf steht nun V.J. Canetti – J. für Jüdin. Im Gegensatz zu ihren auf dem Balkan lebenden Verwandten ist sie dem Holocaust entkommen.

ZUR PAUSE EINE SCHALE GOLD

Im Café Herrenhof wird im März 1933 eine kleine Sensation gefeiert. Der jungen Hilde Spiel ist es gelungen, ihren ersten Roman im angesehenen Zsolnay Verlag zu veröffentlichen. Seit knapp fünf Jahren kommt die 22-Jährige regelmäßig ins Herrenhof. Das „Heho", wie das Kaffeehaus von seinem Stammpublikum genannt wird, ist in den späten zwanziger und frühen dreißiger Jahren wichtigster Treffpunkt der Wiener Literaturszene. Franz Werfel, Gina Kaus, Robert Musil, Hermann Broch trinken hier ihren Mokka. Wer erfolgreich sein will, muss sich ab und zu im Heho blicken lassen. Das heißt jedoch nicht, dass all die bleichen Gesichter, die dort jeden Tag vom Nachmittag bis in den späten Abend an den Marmortischen sitzen, regelmäßig in den Feuilletons auftauchen. Die meisten von ihnen warten vergeblich auf einen Verleger für ihre Arbeiten. In Wien gibt es zu dieser Zeit nur wenige Verlage, manche Autorinnen und Autoren wandern nach Berlin ab, wie Vicki Baum, veröffentlichen bei Ullstein oder Fischer. Den Literaten und Schriftstellerinnen geht es schlecht in diesen Zwischenkriegsjahren. Es gibt viele Zeitungen, aber die zahlen nicht gut. Und ein gedruckter Artikel pro Monat ist das Äußerste, was man erwarten kann. Da freuen sich nicht unbedingt alle mit der jüngsten Erfolgsautorin aus ihrer Mitte, die für ihren Erstling *Kati auf der Brücke* am Ende des Jahres obendrein noch den Literaturpreis der Stadt Wien bekommen soll.

Hilde Spiel übt sich bereits seit einigen Jahren im Schreiben von Kurzgeschichten und Artikeln, die sporadisch in der *Neuen Freien Presse,* dem *Neuen Wiener Journal* und anderen Wiener Tageszeitungen erscheinen. Gefördert hat diese Karriere unter anderem Eugenie Schwarzwald, Hildes erstes großes Vorbild. Ihre fortschrittliche „Frauenoberschule", die hauptsächlich von Töchtern aus jüdischen und christlichen Intellektuellenfamilien absolviert wird, besucht Hilde bis 1928. Hier bewegen sich die Schülerinnen noch ziemlich lange „in einem Klima der Reinheit, der Güte und Humanität, einem Klima der schönen Illusionen". Im großen Festsaal schmettern sie Völ-

Auf der Überfahrt nach Capri, 1936.

ker verbindende Lieder: „Indianer, Japaner und Eskimos / Die Welt gehört uns allen und die Welt ist groß / Die Grenzen für die Alten / Wir lassen uns nicht halten / Wir gehen für Freiheit und Freundschaft los."[37] Die schlimmen Jahre scheinen vorbei. Die noch andauernde Armut, die Inflation, die unveränderte Arbeitslosigkeit werden für Geburtswehen der demokratischen Republik gehalten. So schwingt sich am Nationalfeiertag im November 1928 auch Hilde Spiel in ihrer „Republikrede", die sie im großen hellen Festsaal der Schule hält, zu einem Bekenntnis der Treue und Liebe zu diesem Staatswesen auf. Es ist ihr letztes Schuljahr. Und es ist ein Jahr nach dem Brand des Wiener Justizpalastes 1927, bei dem die Republik zum ersten Mal seit ihrer Gründung durch einen blutigen Zusammenstoß zwischen Volk und Exekutive erschüttert wird. Der Freispruch rechtsgerichteter Mörder hat den Angriff empörter Arbeiter auf den Sitz der österreichischen Rechtssprechung ausgelöst. Bei der Niederschlagung durch die Polizei sterben knapp 100 Menschen, Hunderte werden verletzt. Hilde Spiel ist von der politischen Situation noch nicht unmittelbar berührt, spürt bislang nichts vom zunehmenden Antisemitismus in der österreichischen Hauptstadt.

Ihre Eltern, beide aus traditionsreichen jüdischen Familien, sind zum Katholizismus konvertiert. Hilde wird 1911 im Wiener Vorort Döbling geboren, zur Zeit der niedergehenden k. u. k. Monarchie. Als Fünfjährige verfolgt sie vom Fenster der großmütterlichen Wohnung in der Wollzeile voller Ehrfurcht einen pompösen Trauerzug unten auf der Straße. „Es ist merkwürdig! Alle Menschen meiner Generation ... nennen als erste und einschneidende Kindheitserinnerung das Begräbnis von Kaiser Franz Joseph."[38] 68 Jahre hat der Monarch das Donaureich regiert. Mit seinem Tod 1916 geht eine Ära zu Ende.

Nach dem Krieg ist bei Spiels das Geld immer knapp. Nie reicht das Gehalt, das Hildes Vater, ein promovierter Chemiker, nach Hause bringt. Doch im Fasching werden alle Feste mitgefeiert. Die lebenslustigen Eltern sparen lieber am Notwendigen als auf ein Kostümfest zu verzichten, wollen ihren gewohnten Lebensstil beibehalten. Auch ein Dienstmädchen und eine Friseurin, die täglich ins Haus kommt, gehören zu diesem Standard. Abendelang wird über moderne Kunst diskutiert, junge Kubisten und Expressionisten gehören zum elterlichen Freundeskreis. Die Tochter liest leidenschaftlich gern, am liebsten Hugo von Hofmannsthal und Virginia Woolf. Wenn die Mutter nachmittags zum Bridge geht, hängt Hilde sich ans Telefon und ruft ihre Freundin Stella an – um mit ihr, in verteilten Rollen, Schnitzlers *Reigen* zu deklamieren. Das kann die eine oder andere Stunde dauern. Die liberalen Eltern lassen ihre Tochter früh allein ins Theater gehen. Natürlich reicht das Geld nur für einen Stehplatz im Burgtheater oder im Theater in der Josefstadt, aber das tut dem Genuss an Max Reinhardts Inszenierungen keinen Abbruch. Schlittschuhlaufen und Ballett sind die sportlichen Vergnügungen in Hildes früher Jugend. „Später fanden wir uns zu Ausdruckstänzen ermuntert, wie sie die Schwestern Wiesenthal noch sanft und anmutsvoll, ihre Nachfolgerinnen Gertrud Bodenwieser und Gertrud Kraus aber mänadenhaft vollführten."[39]

1926 wechselt Hilde von der Mittelschule zur reformpädagogischen Schule der „Fraudoktor" Schwarzwald. Die Schwarzwaldschule liegt mitten in der Innenstadt, in den obersten Etagen des Gebäudes, in dem sich unten das Café Herrenhof befindet. Was liegt da näher, als sich für manch anstrengende Lateinstunde mit einer Pause im Kaffeehaus zu belohnen? 1928 werden diese Besuche häufiger, oft wird Hilde jetzt von Hans Bekessy begleitet, ihrer ersten Liebe. Bekessy wird später als Hans Habe in Amerika erfolgreicher Autor von Unterhaltungsromanen. Besonders begehrt ist im Herrenhof die „Stammtisch-Loge" des brillanten Plauderer Ernst Polak, der seit drei Jahren von „Kafkas Milena", der Journalistin Milena Jesenská, geschieden ist. Auch Hilde Spiel darf sich mit an seinen Tisch setzen, wagt aber kaum den

Studentinnen im Kaffeehaus.

Mund aufzumachen. Sie beobachtet, sammelt Eindrücke, auf die sie bei ihrer literarischen Arbeit zurückgreift:

> „Junge Mädchen kamen eines Tages zum ersten Mal ins Café und betraten es danach Abend für Abend, bis ihre Stirnen sich zu furchen begannen und ihre Finger braun wurden vom Nikotin. Neuvermählte Paare erschienen strahlend, um sich Monate später bereits an verschiedenen Tischen niederzulassen. Junge Männer, die sechs Stunden über einem Kapuziner gesessen und ein Heft nach dem anderen vollgeschrieben hatten, kündigten plötzlich die Annahme ihres Manuskriptes durch eine Bestellung von zwei Eiern im Glas mit einem Butterbrot an. Immerfort bewegten sich die Kellner um sie, lautlos und mit geübten Bewegungen, leerten Aschenbecher aus, brachten frisches Wasser und spielten den Hofnarren."[40]

Neben den Kaffeehausbesuchen ist Hildes zweite Leidenschaft der Sport. Damit liegt sie ganz im Zeitgeist, der in den zwanziger Jahren die körperliche Ertüchtigung durch sportliche Betätigung propagiert. Die Zahl der Badeanstalten, Schwimmschulen und Freibäder nimmt in Wien rapide zu. Im Dianabad spielt Hilde Wasserball und nimmt an Schwimmwettkämpfen teil, im Winter wird sonntags früh aufgestanden, um mit dem ersten Zug um fünf Uhr in die Skigebiete um den Semmering zu fahren.

An der Wiener Universität beginnt die 18-Jährige zunächst ein Germanistikstudium, wechselt aber bald zu Philosophie und Psychologie. Sie ist fasziniert von ihrer Psychologie-Professorin Charlotte Bühler, die stets in „existenzialistisches" Schwarz gekleidet ist und ihr dunkles Haar modisch kurz geschnitten trägt. Bei einer Vorlesung fällt Hilde auf, „daß die langen weißen Finger der Professorin in blutrot lackierten Nägeln enden. Das ist einer der revolutionierendsten Eindrücke dieses ersten Semesters, ein so knappes und bildhaftes Signal der emanzipierten Frau ... Den völkischen Kommilitoninnen, die in ihren Dirndlkleidern muffig herumsitzen, ist sie nicht geheuer."[41] Charismatische Leitfigur für Hilde ist jedoch der Philosoph Moritz Schlick. Seine Seminare sind für die junge Studentin ungeheuer anregend. „Dieser

Moritz Schlick.

milde Mentor überzeugte uns durch seine eigene klare, aufrichtige Persönlichkeit von der Klarheit und Aufrichtigkeit seines Denkens. Daß er auf sanfteste Weise die metaphysischen Spinnweben vieler Jahrhunderte aus der Philosophie entfernte, daß er uns zu Vorsicht gegenüber jeder apriorischen Behauptung, zu genauer Prüfung aber auch jeder vermeintlichen politischen Patentlösung anhielt, hat uns viele Irrwege ... erspart."[42] Als Schlick 1936 vor der Universität erschossen wird, empfindet sie den tiefsten Schmerz, „nicht vergleichbar mit bisherigem Liebeskummer, der mir zugestoßen war".

In ihrem ersten Studienjahr besucht Hilde Spiel auch die Vorlesungen von Karl Kraus. Ihre Bewunderung seiner klaren Formulierungen mischt sich mit Skepsis gegenüber seinen dogmatischen Belehrungen. Ähnlich wie Veza Canetti lässt sie sich von ihm nicht ihre Lektüre zensieren. „Heine und Hofmannsthal, Bernhard Shaw und jede Zeile von Stefan Zweig oder Werfel abzulehnen, nur weil Kraus sie verachtet, fällt mir nicht ein." Doch fühlt sie sich beim Schreiben zeitlebens von dem Sprachmeister „über die Schulter geschaut". Hildes erste Gedichte und Erzählungen werden veröffentlicht, vorwiegend in liberal bzw. sozialdemokratisch ausgerichteten Medien, die gegenüber Frauen als Autorinnen relativ aufgeschlossen sind. Meist geht es um junge Frauen, kleine Liebesabenteuer, romantische Schwärmereien, Probleme zwischen Männern und Frauen. Schon in diesen frühen Arbeiten schreibt sie mit großer sprachlicher Sicherheit, in klarem, gut lesbarem Stil, für den sie später als erfolgreiche Journalistin noch oft gelobt wird. Wenn Hilde anfänglich ihre Arbeiten zu seicht findet, wählt sie ein Pseudonym. Da zu Hause die Kasse nach wie vor meist leer ist, arbeitet sie stundenweise für eine Frauenzeitschrift, schreibt, redigiert, erlernt den Umbruch.

Das Leben an der Universität empfindet sie zunehmend als anstrengend und heuchlerisch, da man, um sich nicht unbeliebt zu machen, den Anschein der Oberflächlichkeit erwecken muss. Sie stellt fest:

> „Analytisches Talent, die Gabe zu durchdringender Einsicht wurden durch argloses Aussehen abgeschirmt, durch mattes Gewitzel und häufiges ... Gelächter. Sobald jemandes Gesicht einen unverhüllten Ausdruck der Ernsthaftigkeit oder gar des angestrengten Nachdenkens annahm, geriet er in Gefahr, als Roter oder gar als Jude abgelehnt zu werden."[43]

Um sich die letzte Etappe ihres Studiums zu finanzieren, arbeitet Hilde ab 1933 in der Wirtschaftspsychologischen Forschungsstelle der Universität. Hier wird ihr Sinn für soziale Probleme geschärft. Die meisten Mitglieder der Forschungsstelle stehen politisch links. Marie Jahoda und Paul Lazarsfeld verfassen hier ihre berühmte Studie *Die Arbeitslosen von Marienthal.* Wie ihre Kolleginnen und Kollegen begeistert sich Hilde für die Errungenschaften des „Roten Wien", die Verdienste der Sozialisten in der Kommunalpolitik, wie Gemeindebauten, Fürsorgeeinrichtungen, Volkshochschulen und Arbeiterbüchereien. Dazu kommt die Lektüre von Dostojewski und Tolstoi, „der unser Hang nicht nur zu Rußland selbst, sondern auch zu dessen vermeintlich geglückter Erlösung der Armen und Unterdrückten entsprang".

Als in diesem Jahr Hitler in Deutschland an die Macht kommt, tritt Hilde „demonstrativ" der sozialdemokratischen Partei bei. Sie besucht Versammlungen, auf denen gegen die Machtübernahme im Nachbarland protestiert und den rechten Gruppierungen aller Art daheim der Kampf angesagt wird.

Dies ist auch das Jahr ihres Romandebüts. Die Autorin genießt den lokalen Ruhm, den ihre Geschichte über das Erwachsenwerden einer jungen Frau ihr eingetragen hat. Für Studien zu einem neuen Buch fährt sie einen Monat nach Paris. Dort mokiert sich die Bevölkerung über die ersten *chez nous,* Emigrantinnen und Emigranten aus Deutschland, die vor dem heimischen Regime nach Paris flüchten und dort jammern, um wie viel besser alles ‚chez nous' gewesen sei. Auf dem Rückweg nach Wien macht Hilde Spiel in Zürich Halt, besucht dort Erika Manns Exil-Kabarett *Pfeffermühle* und schreibt darüber ihre erste Theaterkritik, die in der *Neuen Freien Presse* veröffentlicht wird.

Noch sind in Österreich positive Rezensionen politisch linker Stücke möglich. Aber das Land ist auf dem Weg zur austrofaschistischen Diktatur. Im Februar 1934 kommt es zum Bürgerkrieg. Das Militär rollt durch die Straßen, legt die Gemeindebauten in Trümmer. Blutige Kämpfe toben in Wiens Bahnhöfen, Arbeiterheimen und Schulen. Die Bilanz nach drei Tagen: viele hundert Tote, Tausende Verwundete. Die „Vaterländische Front" geht gestärkt aus diesen Kämpfen hervor. Alle anderen Parteien, die Sozialdemokraten als Erste, werden verboten, ebenso deren Presseorgane. Hilde entgeht nur knapp dem Gefängnis, da sie an dem Tag, als sämtliche Mitglieder der Forschungsstelle verhaftet werden, zufällig nicht im Institut ist. Zusammen mit der langjährigen Hausangestellten ihrer Eltern, Marie Weihs, einer überzeugten Sozialistin, organisiert Hilde – „hinter dem Rücken der ‚Herrschaft'", denn die Eltern sind alles andere als sozialistisch – einen Kurierdienst zwischen untergetauchten Arbeitern und britischen Hilfsorganisationen sowie der Labour Party. Die hat bei der Eskalation sofort Beobachter nach Wien geschickt und unterstützt die Genossinnen und Genossen nun in der ärgsten Not.

Nach diesem Februar steht für Hilde Spiel fest: Sie will noch ihr Studium beenden, dann aber schleunigst das Land verlassen. Die Forschungsstelle ist geschlossen und die 22-Jährige studiert jetzt umso intensiver, sammelt Material für ihre Doktorarbeit, schreibt an einem neuen Roman. Thema ihres zweiten Buches soll das Reisen sein. Wie in ihrem Erstling verarbeitet die Autorin eigene Erfahrungen. Aber der Zsolnay Verlag lehnt das Manuskript ab. Nicht wegen der Qualität, sondern wegen seiner politischen Anspielungen. Schließlich will der Verlag auch in Deutschland verkaufen. Nach dem so viel versprechenden Start ihrer schriftstellerischen Karriere ist dies eine herbe Enttäuschung für die junge Hilde. Sie versucht es nun mit einer unverfänglichen Geschichte, ein Sommerroman über eine Gruppe junger Leute, ihre Flirts, ihre Gefühle. „Ich schreibe ein Puschelbuch, ich schreibe eine Flunkerei ohne

Hand und Fuß", notiert sie in ihrem Tagebuch. *Verwirrung am Wolfgangsee* heißt die Geschichte, ein Titel, über den sich Hilde Spiel lebenslang ärgert, weil er nach Illustrierte klingt „und nach Vicki Baum". Es ist für lange Zeit das letzte Buch, das sie in ihrer Muttersprache schreibt.

Sie besucht jetzt öfter das Café Schottentor, gegenüber der Universität, trägt morgens im Bühler-Seminar die Grundzüge einer *Darstellungstheorie des Films* vor, das Thema ihrer Doktorarbeit. Abends zieht sie mit Freundinnen und Freunden durch die Lokale. Es wird viel getrunken, viel gelacht – und immer öfter sitzen auch politische Gegenspieler scherzend mit am Tisch. Wie Hildes früherer Liebhaber Hans Bekessy, mittlerweile in der Uniform der nationalistischen Heimwehr und bald in leitender Position beim austrofaschistischen Pressedienst.

> „Ich hatte vor allem Angst vor meiner eigenen Kompromißfähigkeit. Ich konnte in diesem Ständestaat nicht atmen, merkte jedoch auf der anderen Seite, daß ich mich ein bißchen … einließ mit Leuten, die meine Gegner waren, nur weil sie charmant und reizend waren und gut aussahen. Ich fühlte mich innerlich verschlampend."[44]

Auch um sich den Rückzug auf einen faulen Kompromiss, den „Rückzug auf diese Versuchungen" abzuschneiden, will Hilde das Land verlassen. Unterstützt wird sie darin von Peter de Mendelssohn, einem Berliner Journalisten, mit dem sie, neben anderen Amouren, seit 1934 liiert ist.

„Gratuliere, Frau Doktor!", schallt es der 25-Jährigen entgegen, als sie das Café Schottentor betritt. Wie bei diesem Anlass üblich, haben sich die Kellner im Spalier aufgestellt, um gemeinsam ihre Glückwünsche zu verkünden. 1936. Die Promotion ist geschafft. Mit Auszeichnung. Doktor Hilde Spiel schreibt ab sofort nur noch mit schlichter schwarzer Tinte statt in grün, lässt sich ihre blond getönten Haare dunkel färben. Erschöpft von den Nächten des Lernens und der Lokaltouren fährt sie zum Skiurlaub nach Kitzbühl. Zwei Wochen Gebirgsluft und körperliche Anstrengung waschen die Wiener Exzesse weg. Für den Herbst plant sie ihre Ausreise. Sie nimmt die Einladung eines

Sportlich emanzipiert Anfang der dreißiger Jahre.

Freundes an und verbringt den Sommer in Italien, belegt Kurse an der Sommeruniversität von Perugia, reist mit dem Schriftsteller Alberto Moravia nach Capri. In *Flöte und Trommeln* wird sie diese Erlebnisse verarbeiten:

> „Ich stand auf, warf den Kranz weg und watete durch den Bach. Konrad ging voran. Er hielt die Hände in den Hosentaschen und spuckte ins Gras. Manchmal pflegte er zu erzählen, seine Erziehung habe zwanzigtausend Schweizer Franken gekostet.
> ‚So. Und jetzt möchte ich meinen Koffer haben.'
> ‚Was sagst du, Sandra?'
> ‚Ich möchte meinen Koffer haben.'
> ‚Da hinunter? In die Wiese?'
> Konrad lachte. Ich blickte zu ihm auf, die Schuhe in der Hand, meine nackten Füße auf der kühlen Erde. Es war eine herrliche Leichtigkeit in meinen Gliedern, ich fühlte den Wind auf meiner Stirn und das Flimmern des Abends vor meinen Augen.
> Konrad warf den Koffer aus dem Wagen.
> ‚Bon voyage!' rief er mir zu.
> ‚Vielen Dank.'
> Er zögerte einen Augenblick.
> ‚Du bist verrückt', sagte er."[45]

Es ist die Geschichte der jungen Sandra, die sich auf dem Weg in den Süden von ihrem Freund trennt und sich bettelnd oder mit kleinen Jobs bis nach Sizilien durchschlägt.

Am 24. Oktober 1936 verlässt Hilde Spiel ihre Heimatstadt, fährt über München und Paris an die französische Küste und setzt an einem grauen Nachmittag nach England über, wo Peter de Mendelssohn auf sie wartet. Die beiden mieten in London eine kleine möblierte Wohnung, heiraten, arbeiten an ihren Romanen, machen Übersetzungen, ernähren sich von Toastbrot und Dosengemüse, leben „immer an der Kante einer Kluft entlang, stets dem Absturz nah". Durch ihre vorzeitige Auswanderung bleiben ihnen Demütigun-

Peter de Mendelssohn und Hilde Spiel.

gen der Einwanderungsbehörde und Internierung erspart, wie es diejenigen erleben, die erst später ins Land kommen. Das Ehepaar hat schnell Kontakt zu Kolleginnen und Kollegen, führt eine Art literarischen Emigrantenkreis. 1939 organisieren sie die Ausreise von Hildes Eltern aus Wien. Im gleichen Jahr erscheint Hilde Spiels Italienroman *Flute and Drums.* Sie schreibt nun in englischer Sprache, perfektioniert diese Kenntnisse durch tägliche intensive Zeitungslektüre. Seit Kriegsausbruch sprechen die Eheleute nur noch englisch, auch mit Tochter und Sohn, die in den Kriegsjahren geboren werden. So laufen sie nicht Gefahr, als „feindliche Ausländer" interniert zu werden – wie es vielen Deutsch sprechenden Emigrantinnen und Emigranten in dieser Zeit passiert.

Zehn Jahre nach ihrer Ausreise kommt Hilde Spiel Anfang 1946 in britischer Khaki-Uniform zum ersten Mal wieder in ihre Geburtsstadt. Die 35-Jährige ist jetzt Kriegskorrespondentin der kulturpolitischen Wochenzeitschrift *New Statesman.* Das Tagebuch dieses fünfwöchigen Aufenthalts titelt sie *Rückkehr nach Wien.*

> „Ich kehre an meinen Ursprung zurück, entfremdet durch langes Fortsein, gestählt durch manchen Verlust und bereit für eine harte, vermutlich schmerzliche Erfahrung. Manchmal stehen wir im Traum unerwartet uns selbst gegenüber. Etwas von dem Schock solcher Konfrontationen liegt in der Begegnung mit der eigenen Vergangenheit."[46]

KAPITEL 6

LEBEN FÜR DIE ANALYSE – ANNA FREUD & FREUNDINNEN

„Wenn der Tag kommt, an dem es keine Psychoanalyse mehr gibt, kannst du Näherin in Tel Aviv werden", scherzte Sigmund Freud gern mit seiner Tochter. Anna Freuds größtes Projekt in jungen Jahren ist eine komplette Garderobe für ihre Freundin Lou Andreas-Salomé. Ende 1921 lernen sich die beiden Frauen in Wien kennen. Die bekannte deutsche Schriftstellerin, die in Göttingen eine psychoanalytische Praxis hat, wohnt für einige Wochen bei Familie Freud, um ihre „Lehrzeit" fortzusetzen, die sie einige Jahre zuvor beim Meister begonnen hat. Die 60-jährige Lou und Anna, die in diesem Dezember 26 Jahre alt wird, verbringen jede freie Minute zusammen. Mehrmals besuchen sie den Salon von Eugenie Schwarzwald, wo ihnen aber meistens zu viel Trubel ist; sie gehen ins Theater und machen ausgedehnte Spaziergänge im Wienerwald, ständig vertieft in intensive Gespräche. Sicherlich ist Rainer Maria Rilke ein Thema. Schließlich ist die brillante Autorin – dieses „Frauenzimmer von gefährlicher Intelligenz", wie Freud einmal sagt – eine enge Vertraute des Lyrikers, dessen Gedichte Annas dritte Leidenschaft sind. Vor allem aber diskutieren die beiden Frauen über die Psychoanalyse, in die sie sich „gleich und unwillkürlich verbissen".

Anna Freud steht zu dieser Zeit kurz vor ihrer Aufnahme in die Wiener Psychoanalytische Vereinigung, die Avantgarde der Psychoanalyse, die sich jeden Mittwochabend in Freuds Bibliothek trifft. Den dafür notwendigen Vor-

LINKS **Bei Spaziergängen führt Sigmund Freud seine Tochter Anna schon früh in psychoanalytische Themen ein.**

Lou Andreas-Salomé, 1935.

trag bereitet sie während ihres zehntägigen Gegenbesuchs bei Lou in Deutschland vor. Bisher hat sie sich nie getraut, bei den Mittwochssitzungen den Mund aufzumachen. Doch ihr Vortrag im Mai 1922 über *Schlagephantasie und Tagtraum* wird ein voller Erfolg, und noch am Abend schreibt sie: „Liebe Lou, Du weißt, wenn Ehre dabei war, so gehört mehr als die Hälfte Dir. Darum danke ich Dir noch viele Male mit einem langen Kuß." Und etwas später berichtet sie ihr, dass sie inzwischen „direkt großes Vergnügen" am öffentlichen Reden habe „und durchaus keine Angst mehr, etwas zu sagen". Die Freundin und Mentorin wird in diesen Jahren Annas engste Briefpartnerin, mit der sie persönliche und alltägliche Angelegenheiten, aber auch analytische Probleme diskutiert.

Und derer gibt es genug, seit Anna sich entschieden hat, in die Fußstapfen ihres berühmten Vaters zu treten. Genau gesagt tritt sie dicht daneben, denn ihr Arbeitsfeld wird – in kluger Abgrenzung – die Analyse von Kindern: eine Klientel, mit der Freud sich nie sehr intensiv beschäftigt hat – trotz seiner These, dass „Hysterien" und Neurosen ihre Ursachen in frühkindlichen Erfahrungen haben.

Bereits als 14-Jährige wird die Jüngste der sechs Freud-Kinder bei Spaziergängen vom Vater in die Materie von Ödipuskomplex, Libido und Traumsymbolik eingeführt. Den Diskussionen des Mittwochskreises, bis 1910 ein reiner Männerclub, darf sie in der Ecke von einem Regaltreppchen aus lauschen.

Ihre Ausbildung ist die einer höheren Tochter: kein Universitätsstudium wie die Brüder, aber immerhin eine Ausbildung als Lehrerin. Während ihre beiden Schwestern früh heiraten, unterrichtet Anna ab 1915 am Lyzeum. Ob-

EINFÜHRUNG
IN DIE TECHNIK DER
KINDERANALYSE

VIER VORTRAGE
AM LEHRINSTITUT DER WIENER
PSYCHOANALYTISCHEN VEREINIGUNG

VON

ANNA FREUD

1927
INTERNATIONALER
PSYCHOANALYTISCHER VERLAG
LEIPZIG / WIEN / ZÜRICH

wohl sie in dem überwiegend älteren Kollegium eher als Schülerin durchgeht, ist die Disziplin in ihren Klassen bemerkenswert. „Neben ihrem Tisch stehend, den rechten Arm aufgestützt, mit ihrer linken Hand dessen Ellenbogen umfassend, brauchte sie uns nur fest und ernst anzuschauen, um uns in Ordnung zu halten", erinnert sich einer ihrer Schüler.[1] Ihr eigentliches Interesse aber gilt der Psychoanalyse, die in der ersten Hälfte des 20. Jahrhunderts viele intellektuelle Frauen für sich entdecken. Was einer gewissen Ironie nicht entbehrt, da gerade diese Disziplin die weibliche Fähigkeit zu wissenschaftlichen und künstlerischen Leistungen in Frage stellte. In der Ehe von Annas Eltern wird dementsprechend eine strikte Trennung der Bereiche eingehalten: hier der Wissenschaftler Sigmund, dort die Ehefrau und Mutter Martha, die im Haushalt die unumschränkte Herrschaft hat. Auch Marthas Schwester Minna lebt seit vielen Jahren mit der Familie Freud in der Berggasse, fungiert manchmal als Freuds Privatsekretärin und begleitet ihn gelegentlich auf Reisen.

Anna liest die Bücher ihres Vaters, besucht seine Vorlesungen und Seminare und nimmt in der Wiener Psychiatrischen Universitätsklinik an den Visiten teil. Zur psychoanalytischen Ausbildung gehört auch die eigene Analyse. Und die übernimmt Sigmund Freud bei seiner Tochter persönlich. Das ist höchst ungewöhnlich und verstößt eklatant gegen elementare, wenn auch noch ungeschriebene Regeln der psychoanalytischen Praxis. Als ihr Analytiker hat Freud nun Zugang zu Annas Intimsphäre, zu ihren Träumen und Gedanken – in einem Maße, wie es in den besten Vater-Tochter-Beziehungen nicht vorkommen dürfte. Den emotionalen Preis für diese Ausbildung – Kritikerinnen und Kritiker sprechen von „sublimiertem Inzest" – hütet Anna Freud ihr Leben lang als Geheimnis. Dass sie immer Angst vor Indiskretionen hat und ihr Privatleben vor neugierigen Blicken sorgsam schützt, mag eine Folge gewesen sein.

Ihre Lehranalyse beginnt 1918 und dauert drei Jahre, auf die später noch eine Nachanalyse folgt. Ergibt sich schon dadurch eine unglaubliche Fixierung auf den Vater, so wird diese perfekt, nachdem Freud 1923 an Krebs erkrankt. Für Anna kommt es jetzt zu einer komplizierten Verquickung unterschiedlichster Rollen. Sie ist nicht mehr nur Tochter, Patientin und Vertraute, sondern wird nun auch Freuds Sekretärin, Stellvertreterin und Krankenschwester. Sie pflegt ihn, tippt seine Manuskripte, vertritt ihn auf Kongressen und Empfängen, nimmt Preise und Auszeichnungen für ihn entgegen. Ihre Stelle an der Schule hat sie mittlerweile aufgegeben. Die Elfzimmerwohnung in der Berggasse, die früher für neun Familienmitglieder und die Dienstmädchen reichen musste, bewohnen von den Freuds nur noch Anna, ihre Eltern und Tante Minna. Hier eröffnet Anna Freud 1923 ihre eigene Praxis neben der des Vaters.

> „Ich tue gar nichts und lebe wie eine große Dame zwischen Bett, Sofa und Veranda und Bad. Das Leben ist entschieden leichter, wenn nichts von einem verlangt wird als daß man sich selber pflegt. Aber auf die Dauer möchte ich es doch nicht."[2]

Typisch Anna, wird Eva Rosenfeld gedacht haben, als sie diese Zeilen von der Freundin bekommt, die sich einige Tage auf dem Semmering aufhält um auszuspannen. Wie gern wäre Anna mal so richtig faul, ließe alles laufen und die Pflichten den Buckel runterrutschen. Aber sofort meldet sich die gute Tochter, die disziplinierte Kollegin, die verantwortungsvolle Pädagogin, die meint, ein Stück Freiheit immer erst dann zu bekommen, „wenn man sich vorher durch etwas durchgezwungen hat". So hat die 32-jährige Eva ein Jahr zuvor, im Herbst 1924, Anna kennen gelernt. Eva Rosenfeld sucht gerade Abstand von ihrer desolaten privaten Situation, nachdem zwei ihrer Kinder an Ruhr gestorben sind und auch ihre Ehe nicht mehr glücklich ist. In ihrem Haus im großbürgerlichen Wiener Vorort Hietzing will Eva „ein Vorbild für Hauswirtschaft und Gartenpflege für junge Mädchen" schaffen, ihr Haus ist „eine Art Forschungsstation". Die meisten kommen von morgens bis zum frühen Nachmittag, aber einige wohnen auch dort. Anna Freud ist auf der Suche nach einem Heimplatz für eine schwierige junge Patientin, sie hört von Evas Hausprojekt – und damit beginnt eine innige Freundschaft. Zumindest fürs Erste.

Eva Rosenfeld.

Anna bewundert die Tatkräftigkeit und liebevolle Fürsorge von „Muschi", wie die Kinder Eva nennen, an deren Tisch schon nach kurzer Zeit selten weniger als zwölf Mäuler gestopft werden. Immer mit dabei ist auch Evas Sohn Victor. „Die Haushaltsforschungsstation war zu etwas Komplexerem geworden, und bald teilten einige recht exotische Gefährten unser Zuhause."[3] Darunter ist Kyra, die Tochter des berühmten Nijinski, selbst Tänzerin. Sie bringt Victor Boxen und Pokerspielen bei. Außerdem ist da deren schöne Freundin, die jegliches Essen bei Tisch verweigert, sich aber mit Sahnetorten und rohem Fleisch voll stopft, sobald sie allein ist. Und Reinhard, der Sohn des bekannten Berliner Psychoanalytikers Ernst Simmel. „Reinhard hatte ein solches Übermaß an Berliner Schnauze, daß meine Mutter seine Geschwätzigkeit nur durch die begnadete Regel im Zaum halten konnte, daß er während der Mahlzeiten erst dann sprechen durfte, wenn sein nahezu autistischer Tischnachbar gesprochen hatte."[4]

Originell und schlagfertig, mit viel gesundem Menschenverstand, aktiv und mitteilsam – einige finden sie aufdringlich und schwatzhaft –, so gewinnt Eva auch schnell das Herz der distanzierten und ernsten Anna. In Gesprächen und Briefen teilt diese sich der Freundin mit, schreibt über ihre Sehnsucht nach Bedürfnislosigkeit, nach Befreiung von allen Verpflichtungen, über das Glück in stiller Natur. Und auch über ihre seltenen Ansätze von Liebesleid:

> „Jeden Nachmittag fast bin ich auf dem See. Wenn ich nicht so dumm wäre und etwas in mir auf der versunkenen Freundschaft mit Dr. Eitington herumbeißen würde, hätte ich nur Schönes. Aber das kann man gar nicht haben und vielleicht ist es für die ‚Weltordnung' richtiger so. Ich glaube, ich weiß jetzt etwas und muß es Dir verraten, aber es weiß sonst niemand. Ich glaube, was mich so kränkt, ist nicht sein Verlust sondern daß er meinen Verlust so leicht verschmerzt, das heißt mich so leicht aufgibt."[5]

So schreibt sie 1930 aus Berlin-Tegel, wo sie sich wieder einmal für mehrere Monate in Ernst Simmels Sanatorium aufhält, um ihren Vater bei seiner Krebsbehandlung zu begleiten. Und einige Tage später: „Ich schwimme mir den ganzen Dr. Eitington im See hier weg und es geht mir sehr gut. Es tut mir nur leid, daß ich ihn mir wegschwimmen muß."[6] Danach verraten ihre Briefe nur noch kollegiale Freundschaft zu Max Eitington, dem väterlichen Kollegen, während er ihr weiterhin Rosen zum Geburtstag schickt. Sigmund Freud äußert sich besorgt, dass Annas Interesse an Männern eher schwach ausgeprägt sei.

Mitte der zwanziger Jahre wird die psychoanalytische Szene in Wien internationaler. In amerikanischen Avantgardekreisen kommt es in Mode, sich in Europa analysieren zu lassen, und auch viele europäische Intellektuelle finden sich zu diesem Zweck in der Hauptstadt der Psychoanalyse ein. „Im Frühling des Jahres 1926 beschloß ich, nach Wien zu gehen, um zu erkunden, ob es möglich sei, bei Freud eine Analyse zu machen … Die einzigen Analytiker, deren Namen ich kannte, waren Freud, Jung und Adler, und ich wußte von Psychoanalyse sehr wenig."[7] Die Studentin Muriel Gardiner, Erbin eines Chicagoer Fleischimperiums, wird von Freud an seine amerikanische Kollegin Ruth Brunswick verwiesen, die seit 1922 in Wien ist und auch zur Mittwochabendrunde gehört. Ebenso wie die holländische Ärztin Jeanne de Groot, die Anna ihren ersten „Erwachsenenfall" vermittelt. Ein Zirkel unkonventioneller, selbstbewusster und häufig auch wohlhabender Frauen bildet sich um „Sigi" Freud. Anna reagiert zunächst meist eifersüchtig, schließt aber dann – oft lebenslange – Freundschaft mit den Kolleginnen.

„Wir waren damals nur zu viert, glaube ich, alles recht ungewöhnliche Leute. Freilich, Mrs. Burlingham, die ergebene Freundin von Frl. Anna Freud und Jüngerin oder Schülerin des Professors, hatte eine Wohnung in einem der oberen Stockwerke", erinnert sich die amerikanische Schriftstellerin Hilda Doolittle,[8] bekannt unter dem Kürzel H. D., an ihre Analyse bei Freud. „Frl. Freud" – sie legt in der Tat bis an ihr Lebensende Wert auf diese Anrede – ist fast dreißig, als „Mrs. Burlingham" in Wien auftaucht. Dorothy Tiffany Burlingham, 34-jährige Tochter des New Yorker Glaskünstlers Tiffany und Erbin der gleichnamigen Juwelen, erhofft sich von Anna Hilfe für ihren asthmakranken Sohn Bob und hat gleich alle ihre vier Kinder mitgebracht.

Im gleichen Jahr, 1925, wird in Wien das Psychoanalytische Institut zur Ausbildung junger Analytikerinnen und Analytiker gegründet. Hier hält Anna ihre ersten Vorlesungen *Zur Technik der Kinderanalyse* und gehört zusammen mit Wilhelm Reich zu den jüngsten Lehrbeauftragten. Zu ihrem Kurs über Psychoanalytische Pädagogik lädt sie auch Lehrerinnen und Sozialarbeiter ein, denn ihr liegt an einer praktischen, lebensnahen Anwendung der Psychoanalyse. Entsprechend sind ihre Seminare keine abgehobenen Diskurse, sondern klare und allgemein verständliche Veranstaltungen. 1929 schreibt die *Frankfurter Zeitung* über einen ihrer Vorträge:

> „Anna Freud, Volksschullehrerin aus Wien, Tochter Sigmund Freuds, eine schlanke junge Frau mit dunklem Haar über einem gelösten klaren Gesicht, stand gestern auf dem Podium des kleinen Saalbaus, der bis zum letzten Platz ausverkauft war, so daß sehr viele, die sie hören wollten, keinen Platz mehr fanden. Anna Freud sprach übrigens zum ersten Mal vor einer breiteren Öffentlichkeit. Ihre Vortragsweise ist von so vollkommener Schlichtheit und Klarheit und bei aller Sachlichkeit so fern von rhetorischer Prätention, daß, sie zu hören, einen ästhetischen Genuß bedeutete: geistige Anmut, die ohne Mühe zu fesseln vermochte."[9]

Anna Freud in ihrem Arbeitszimmer in der Berggasse.

Auch Dorothy ist von Annas Vorträgen fasziniert, denen sie anfangs meist still und schüchtern zuhört. Zwischen den Frauen, die beide nicht gerade offenherzig durch die Welt gehen, entwickelt sich schnell eine intensive Beziehung – für Dorothy die wichtigste, die sie je in ihrem Leben hat. Bei den Seminaren kommen und gehen sie stets gemeinsam, so dass lange Zeit nur von „Annas amerikanischer Freundin" die Rede ist. Auf Fremde macht sie einen distanzierten und steifen Eindruck, wie auch H. D. es empfindet:

> „Ich ging um 4 Uhr 20 zu Mrs. Burlinghams Apartement hinauf. Sie war ruhig, schlank und schön in ihrem kunstgewerblich-einfachen Sprechzimmer oder Wohnzimmer, das Freuds Architektensohn für sie ausgestattet hat. Wie der Professor hatte sie ein paar griechische Schätze. Ihr kleiner, grauer Bedlingham huschte unter die Couch, kroch aber später wieder hervor, um sich mit mir anzufreunden. Ich lernte ihre Tochter kennen, so alt wie mein eigenes Kind, und einen siebzehnjährigen Jungen. Ein weiteres Kind hatte gerade eine Musikstunde im Nebenzimmer. Ich war ein wenig bestürzt über die reservierte, scheue Art von Mrs. Burlingham und darüber, wie sie mich an meinen Fünf-Uhr-Termin unten bei dem Professor erinnerte."[10]

Anna blüht in der Beziehung zu Dorothy auf. Keine Spur mehr von der „Eremitin", wie sie sich Lou Andreas-Salomé gegenüber einmal bezeichnet hat. Zum ersten Mal gönnt sie sich Urlaube ohne Vater und kann endlich das „freie Gefühl ..., das ich gewöhnlich habe, wenn ich nicht in der Berggasse bin", genießen. 1927 machen sich die beiden Freundinnen zu zweit auf den Weg nach Italien. In Dorothys Ford fahren sie an die oberitalienischen Seen, wohnen in kleinen Pensionen, dösen in der Sonne mit Blick auf die Berge – und Anna telegrafiert nach Hause, ob sie dringend benötigt werde, da sie andernfalls noch gern etwas länger bliebe. Eine Sensation! Vater Freud konstatiert: „Anna geht ganz in der Freundschaft zu Dorothy Burlingham auf."

Eva Rosenfeld registriert ebenfalls die Veränderung in ihrem Verhältnis zu Anna, der „teuren Freundin, die ich so liebte". Als beide schon viele Jahre in London leben, schreibt Eva 1947, „daß ich mich Dir aus dem Weg räumte, damit Deine Beziehung zu Dorothy sich voll entwickeln konnte, die damals für Dich zum Wichtigsten wurde ... Du mußtest Dir ein Leben mit Dorothy zimmern, ich war so entsetzlich im Weg, u. damit war ich mir selbst im Weg, denn damals wie heute war Dein Glück meine erste Bedingung."[11] Als Eva 1931 mitteilt, dass sie Wien zu verlassen beabsichtige, schreibt Anna noch:

„Ich sehe ganz ein, daß Du das, was Du machen willst, nur von Berlin aus machen kannst. Aber dabei will ich nicht, daß Du fortgehst. Ich habe einfach Angst, ohne Dich zu sein und ich habe auch Angst, daß Du nicht wiederkommst, wenn Du einmal dort bist. Aber Du kannst auch nicht hierbleiben und mich beschützen ... Ich glaube, ich bin eine sehr schlechte Freundin. Ich will Dich haben, aber ich mache alles Schwere nicht leichter.“[12]

Eva lässt sich in Berlin zur Analytikerin ausbilden und geht anschließend nach London, wo sie Kontakt aufnimmt zu Annas lebenslanger Kontrahentin in Sachen Kinderanalyse, Melanie Klein. Dass sie auch noch eine dreijährige Analyse bei ihr macht – sich dabei von der Freudianerin zur Kleinianerin wandelt –, verletzt Anna sehr. Sie teilt Eva dies 1947 in einem Brief mit, worauf diese antwortet: „Wie dankbar bin ich Dir, daß Du einmal aussprichst, wie sehr ich Dich 1938 gekränkt habe. Aber das habe ich gebüßt, und habe seit nunmehr 9 Jahren jeden Ehrgeiz, in der Bewegung etwas zu leisten, völlig aufgegeben, damit Du Dich nie an mir stoßen kannst u. ich Dir nie auch nur anscheinend im Weg bin.“[13] Aber auch Evas Altruismus lässt Anna niemals mehr zu dem liebevollen Ton früherer Zeiten zurückkehren.

Im Jahre 1927 jedoch ist noch alles harmonisch; Eva, Anna und Dorothy erfüllen sich einen Traum: Gemeinsam gründen sie die freie psychoanalytische Schule Hietzing. Auslöser ist Dorothys Wunsch, ihren Kindern eine andere Erziehung zukommen zu lassen als den in ihren Augen autoritären Drill des österreichischen Schulsystems. In Österreich herrscht zur Zeit der Ersten Republik lediglich Unterrichts-, keine Schulpflicht, und so stellt Eva die Hälfte ihres Gartens als Bau- und Spielplatz zur Verfügung, und Dorothy finanziert ein zweistöckiges Holzhaus mit Klassenräumen.

Der Lehrplan basiert auf der Projektmethode – in den zwanziger Jahren noch ein absolut progressiver Ansatz. So verwandelt sich die ganze Schule eine Zeit lang zum Beispiel in die Welt der Eskimos. Diese sind Thema in jedem Unterrichtsfach, ob Geographie, Geschichte, Mathematik, Schreiben oder Lesen.

Dorothy Burlingham und Anna Freud mit einem Bekannten im Urlaub in Berchtesgaden.

Die Schülerinnen und Schüler unternehmen Exkursionen in die Stadt, besuchen gemeinsam Konzerte und Museen. „Einmal zu Weihnachten war das Thema ‚Alt-England', und alle versammelten sich in der Wohnung der Burlinghams um ein ‚Yule log', ein loderndes Weihnachtsscheit im Kamin, zu Weihnachtsliedern, AkrobatInnen, TänzerInnen, einem Schweinskopf und Mistelzweigen – mit Sigmund Freud als Ehrengast."[14]

Die österreichische Hauptstadt ist in dieser Zeit ein gutes Pflaster für innovative soziale Projekte. Das „Rote Wien", wie es von den Christlichsozialen bezeichnet wird, ist fest in sozialdemokratischer Hand und wird zum Modell einer progressiven Gemeinde. Diese bietet der Psychoanalytischen Vereinigung ein städtisches Grundstück zum Bau ihres Zentrums an. Besonderer Förderer der Psychoanalyse ist der Finanzstadtrat Hugo Breitner, der die reichen Wiener Familien besteuert, um günstige Wohnungen und adäquate Schulen für Arbeiterfamilien stellen zu können. Er hat großes Interesse an der

Art der Ausbildung, wie sie Anna Freud und das Kollegium vom Lehrinstitut für die Wiener Lehrerinnen und Lehrer anbieten.

Die Wiener Schule der Kinderanalyse ist von Anfang an bestrebt, Arbeiterkindern eine gute Erziehung zu ermöglichen, Beratungszentren für kleine Kinder zu schaffen und jugendlichen Straffälligen zu helfen.

Auch Dorothy Burlingham beginnt eine psychoanalytische Ausbildung und nimmt regelmäßig an den Seminaren des Lehrinstituts teil. Die Beziehung zwischen Mutter und Kind sowie die besonderen Lebensbedingungen von blinden Kindern und von Zwillingen – diese Themen bearbeitet Dorothy im Laufe ihres Analytikerinnenlebens immer wieder. Ihre Ehe mit Robert Burlingham existiert seit Jahren nur noch auf dem Papier. Eine Rückkehr nach New York steht für Dorothy nicht mehr zur Diskussion.

Ab 1928 wohnen sie und ihre Kinder eine Etage über den Freuds, mit direkter Telefonverbindung zwischen Annas und Dorothys Schlafzimmer. Auch der Rest der beiden Familien hat einen guten Draht zueinander und so entwickelt sich in der Berggasse bald eine große Lebensgemeinschaft, die neben der freien Schule zum allgemeinen Treffpunkt wird. Die Ferien werden fast immer in großer Runde verbracht, entweder im Salzkammergut oder auf dem Semmering, wo die Familien in nebeneinander liegenden Ferienhäusern wohnen.

Anna und Dorothy wehren jede Vermutung, dass sie eine lesbische Beziehung haben, immer ab. Beide sehen sich in ihrer „idealen Freundschaft" als Zwillingsschwestern. „Ich hatte solche Freude an Deinem Brief über die eineiigen Zwillinge", schreibt Dorothy einmal. „Es macht mich glücklich und stolz, daß wir so tief miteinander verbunden sind."[15]

1930 kaufen Anna und Dorothy ein Bauernhaus im Wienerwald, in Hochrotherd, kurz HRE genannt. In fünfundvierzig Minuten sind sie mit dem Auto von der Berggasse dort, was die beiden auch während der Woche öfter ausnutzen. Am Wochenende geht's dann mit Kindern, Freundinnen und Freunden raus zu Picknicks, zum Pilzesuchen, Reiten und Arbeiten – denn natürlich gibt's immer was zu tun: Türen und Fenster streichen, Heu einbringen, die Kuh melken, Unkraut jäten. „ ... mir wandert mein Kongressvortrag von einer Ecke des Kopfes zur andern. Dienstag will ich in HRE den Hühnerstall ausweißen, vielleicht hilft das. Ich lerne ja jetzt, daß man alles düngen muß, was wachsen soll", schreibt Anna im August 1932 an Eva Rosenfeld,[16] und einige Tage später: „Meinen Gemüsegarten habe ich gestern endlich angelegt, rundherum 20 Pflänzchen blaue Lubelien und drinnen 15 Salate, 15 Kohlrüben und ein paar Gurkensamen, an die ich nicht recht glaube."[17]

Anna Freud in ihrem Garten in Hochrotherd.

Morgens ist Anna meist als Erste auf den Beinen und gleich aktiv. Hochrotherd ist für sie eine Oase der Ruhe, wohin sie sich manchmal flüchtet, wenn es in der Berggasse hoch her geht, weil wegen eines Kongresses mal wieder einige ausländische Kollegen einquartiert sind und dazwischen noch Verwandte und Freunde der Kinder herumspringen.

> „Ruhig ist es nicht, Brill ist schon in Wien, Samstag kommt Ernst, Sonntag Radò, Dienstag Levys, Jeanne ist vor kurzem abgefahren, dazwischen tobt Ruth und lauter Kongreßgeschäfte.

Wenn ich mich nicht manchmal nach HRE rette, dreht sich das Schwungrad. Mittwoch spätestens muß ich reisen, der Vortrag ist auch noch nicht fertig."[18]

Dorothy und Anna kultivieren das einfache, natürliche Leben. Schlichte Reformkleider, häufig Dirndl, und dazu bequeme Schuhe sind Standard, modische Kleidung und Schminke verpönt. Ihren asketischen Anspruch übertragen sie auch auf ihre Besucherinnen, äußern sich missbilligend über den modischen Hut der einen, tadeln die andere, wie unnatürlich ihr roter Lippenstift sei. Für Dorothy ist dieses Verhalten eine Möglichkeit, sich gegen den „Tiffany-Stil" zu wehren, dem sie schon in jungen Jahren immer verschiedene Arten von Understatement entgegengesetzt hat. Anna und sie sehen in einem schlichten Äußeren zudem ein notwendiges Gegengewicht zu den Verwirrungen, die durch die ständige analytische Betrachtung von sich selbst und anderen hervorgerufen werden.

Nach dem Börsenkrach von 1929 und dem zwei Jahre später folgenden Bankenzusammenbruch wird der christlichsoziale Politiker Dollfuß österreichischer Bundeskanzler. Eins seiner obersten Ziele ist die Ausschaltung der Sozialdemokratie. In diesem Klima sind fortschrittliche Projekte auch in Wien bald nicht mehr erwünscht. Österreich wird ein autoritärer Ständestaat, leidenschaftlich katholisch, antisozialistisch und noch antisemitischer, als er es ohnehin schon ist.

In Berlin ist die Psychoanalyse 1934 bereits eine „arische" Angelegenheit. Viele verlassen das Land Richtung Amerika, dem Eldorado dieser inzwischen anerkannten, aber immer noch recht jungen Wissenschaft. Sigmund Freud –

dessen Bücher in Deutschland verbrannt werden – meint, dass die österreichischen Nationalsozialisten zu der Härte und straffen Organisation ihrer Parteigenossen im Nachbarland nicht fähig seien und setzt auf die „gute alte Wiener Schlamperei". Auch Anna ist politisch nicht sehr realistisch und tut sich schwer mit dem Gedanken, ihre Heimat zu verlassen.

Wie so oft reagiert sie auch auf diese Krise mit gesteigerter Tätigkeit. Sie übernimmt die Leitung des Psychoanalytischen Instituts. 1936 veröffentlicht sie ihr großes Standardwerk *Das Ich und die Abwehrmechanismen.* Ein Jahr später eröffnet sie gemeinsam mit Dorothy, der Kinderärztin Josefine „Fifi" Stross und der Amerikanerin Edith Jackson eine psychoanalytisch orientierte Krippe für Kleinkinder. Edith Jackson, eine Freundin von Muriel Gardiner, ist von Freud analysiert und von Anna am Wiener Institut zur Analytikerin ausgebildet worden. Zum Dank spendet sie Geld aus ihrem Vermögen, mit dem nun die Jackson-Krippe gegründet wird.

> „Wir wählten Kinder aus den ärmsten Familien Wiens aus, deren Väter arbeitslos waren und auf der Straße bettelten und deren Mütter bestenfalls als Putzfrauen arbeiteten. Die Voraussetzung für die Aufnahme war, daß sich das Kind einigermaßen selbständig bewegen konnte ... Die Eltern waren überglücklich über die gute Pflege; die Kinder gediehen und vergalten es uns ihrerseits dadurch, daß wir über die ersten Schritte des Kindes heraus aus der biologischen Einheit von Mutter und Kind Erfahrungen sammeln konnten."[19]

Zu all ihren Aufgaben kommt für Anna 1937 noch die der Krankenschwester, als Dorothy an schwerer Tuberkulose erkrankt. Sie erholt sich nie vollständig von dieser Krankheit, ist immer wieder für längere Zeit bettlägrig, „the sleeping beauty", wie Fifi Stross sie deshalb oft nennt.

Einen großen Verlust bedeutet für Anna der Tod von Lou Andreas-Salomé, die 76-jährig an Nierenversagen stirbt. Obwohl die beiden Freundinnen sich nur noch selten besucht und auch nicht mehr so oft wie früher geschrieben haben, verliert Anna mit Lou die loyalste Vertraute ihres frühen Erwachsenenlebens.

Am 11. März 1938 marschieren deutsche Truppen in Österreich ein. In Freuds Kurztagebuch lesen sich die Ereignisse dieser Tage:

> „13/3 Anschluß an Deutschland
> 14/3 Hitler in Wien
> 15/3 Kontrolle in Verlag und Haus
> 18/3 Aufnahme in England gesichert ... Ausreise scheint ermöglicht
> 22/3 Anna bei Gestapo"[20]

Dass seine Tochter sich Veronal besorgt hat, für den Fall, dass sie gefoltert oder ins Konzentrationslager deportiert wird, weiß Freud nicht. Um sieben Uhr abends darf Anna an diesem Dienstag wieder nach Hause.

Muriel Gardiner, die schon während ihrer Studienzeit politisch engagierte Analytikerin, entwickelt sich im Wien der dreißiger Jahre wie ihre Freundin Edith Jackson zur aktiven Gegnerin des austrofaschistischen Regimes.

> „Jeder versteckte Sozialist oder Jude, der in Muriel Gardiners Wohnung gesucht und gefunden worden wäre, hätte das Ende, nicht nur für die Betroffenen, sondern auch für sie selbst bedeutet. Jede Fahrt zur Grenze in der Begleitung von Flüchtlingen oder mit den Fotos im Gepäck, jede Rückreise, bei der sie falsche Pässe mitbrachte, hätte in einer Katastrophe enden können", schreibt Anna Freud später in ihrem Vorwort zu Gardiners Memoiren.[21]

Für ihre Tätigkeit als Kurier kauft sich Muriel, Deckname „Mary", das erste und einzige Korsett ihres Lebens, um die wichtigen und lebensgefährlichen Papiere zu verstecken. Wie sie nachts an der tschechisch-österreichischen Grenze nur knapp einer Leibesvisitation entkommt, liest sich wie ein Krimi.

Die Emigration der Freuds gelingt vor allem mit Hilfe der Französin Marie Bonaparte, die der Familie seit ihrer Analysezeit eng verbunden ist. Ihrer Unterstützung ist es auch zu verdanken, dass der Psychoanalytische Verlag in Wien nicht in Konkurs gegangen ist. Marie Bonaparte ist die Enkelin des Spiel-

Wiesbadener Konferenz 1932: Anna Freud (Dritte von rechts) zwischen Marie Bonaparte und Ernest Jones.

bankgründers von Monaco, aus der Linie der Napoleons und adelig verheiratet. Für die Prinzessin ist es ganz normal, dass sie am Vormittag ihren Tee mit einer königlichen Hoheit einnimmt und nachmittags auf einem psychoanalytischen Kongress über weibliche Sexualität spricht. Als „Vestalin" bezeichnet Marie ihre dreizehn Jahre jüngere Freundin Anna, als jungfräuliche Priesterin und Hüterin des väterlichen Tempels. Nach Lou Andreas-Salomés Tod übernimmt Marie Bonaparte deren Rolle: die der älteren Freundin, mit der Anna ohne Rivalitätsgefühle über ihren Vater sprechen kann.

Pfingstsamstag 1938 verlassen Anna und ihre Eltern Wien. Begleitet werden sie von ihrer Haushälterin und von Fifi Stross, die Sigmund Freud ärztlich betreut. Über Paris kommen sie am 6. Juni in London an, wo Anna den Rest ihres Lebens verbringen wird. Dorothy hat bereits vorher die schwerkranke Tante Minna nach London gebracht und fährt anschließend für einige Monate in die Schweiz, wo sie – im Gegensatz zu Österreich – frei über ihr Geld verfügen und damit anderen Gefährdeten bei der Flucht aus Wien helfen kann. Als sich der Ausbruch des Krieges abzeichnet, beschließt sie nach New York zu reisen, solange die Passagierschiffe noch ungehindert verkehren, um bei der Geburt des ersten Kindes ihrer ältesten Tochter dabei zu sein. Ihre Rückkehr nach England verzögert sich aufgrund der Reisebeschränkungen um ein halbes Jahr. Im April 1940 sind Dorothy und Anna endlich wieder in London vereint.

Bei der Ankunft in Paris, 1938.

KAPITEL 7

BÜHNENZAUBER

SCHILLERNDE DIVA – INNIGES LOTTCHEN

Wien 1915. Eine leidenschaftliche junge Frau wird unter großer seelischer Belastung wahnsinnig, der Geliebte erstickt qualvoll in einer Kiste, den Ehemann ereilt das gleiche Schicksal – und eine aufgekratzte Menge klatscht Beifall. Nicht das wirkliche Leben, aber doch beinahe. *Mona Lisa* heißt das Stück, „Verismo" ist das Zauberwort, das die Opernbühnen Europas revolutioniert hat. Italienische Komponisten bringen sozialkritische Themen auf die Bühne, fordern die Auseinandersetzung des Publikums mit dem „wahrhaftigen Leben". Große Gefühle, psychologische Zusammenhänge werden getextet und komponiert, Gestik, Mimik und Bewegung ersetzen den starren Ziergesang des 18. Jahrhunderts.

> „Ich hatte niemals vorher eine Rolle gespielt, die die Bezirke des Irrsinns streifte, und ich fand es notwendig, einen Vergleich aus dem Leben zu haben. Ich besuchte die Wiener Nervenheilanstalt Steinhof, und dort beobachtete ich die Bewegungen, das Benehmen und den Gesichtsausdruck dieser unglückseligen Geschöpfe. Es ist eine Rolle, die ich nie gerne spielte, weil sie in mir die traurigsten Erinnerungen wachrief. Das Versetzen in diese Persönlichkeit beraubt einen Künstler seiner Lebenskraft. Ich konnte mir nicht anders helfen, als jeden Abend – vollkommen losgelöst – in die Rolle hineinzuspringen, und jedes Mal danach war ich vollständig fertig für die nächsten Tage."[1]

LINKS **Maria Jeritza in einer ihrer berühmten Rollen als Tosca.**

Wahrlich ungewöhnliche Wege geht Maria Jeritza, die Darstellerin der Mona, um die Geschichte von Ehebruch, Vergewaltigung, Sadismus und Mord realitätsnah und packend rüberzubringen. Seit drei Jahren singt sie an der Wiener Hofoper.

Aufgewachsen in einer Handwerkerfamilie in Brünn, mit Musikschule und zusätzlichen Privatstunden ‚wegen des Talents', studiert Maria mit fünfzehn Jahren die typischen Rollenpartien für ihre Sopranstimme. Ihr erstes Engagement als Hauptdarstellerin hat sie in der Nachbarstadt Ölmütz, singt schon als 18-Jährige große Wagner-Rollen. Für das neue Leben als Opernstar wird aus der Mizzi Jedlicka Maria Jeritza, mit strahlender Stimme, großer Scheu und viel Lampenfieber.

> „Ich fürchte, meine Leistungen damals waren alles andere als perfekt. Als ich das erstemal Gretchens Juwelen-Arie sang, ich glaube da gingen mir so viele Noten verloren, daß sie die Reinigungsfrauen am nächsten Morgen beim Aufwaschen über die ganze Bühne verstreut gefunden haben mußten."[2]

Immerhin, ihr Debüt als Elsa in Wagners *Lohengrin* wird von Presse und Publikum positiv aufgenommen, weitere Opernpartien folgen. Am Ende der Saison 1905/06 kommt die knapp 20-Jährige auf den Rekord von vierzehn neuen Rollen – ein harter, aber lehrreicher Start ist geglückt.

Mit Bravour meistert Maria auch die übliche Benefizvorstellung, ein Publikumstest für die Beliebtheit der Bühnenstars.

> „Man bekam gewöhnlich den Rest der Gesamteinnahmen nach Abzug der Tagesunkosten. Bei besonders geschäftstüchtigen Privattheaterdirektoren – und alle waren sie besonders geschäftstüchtig – stiegen die Tagesunkosten ins Gigantische, so daß dem Benefizianten nur sehr wenig übrigblieb, daß er, wenn er nicht beim Publikum im Lichtkegel des Interesses stand, ein schlecht besuchtes Haus hatte und eventuell an seinem sogenannten Ehrenabend, wie ein Benefiz genannt wurde, noch draufzahlen konnte. Man bekam Geschenke sonder

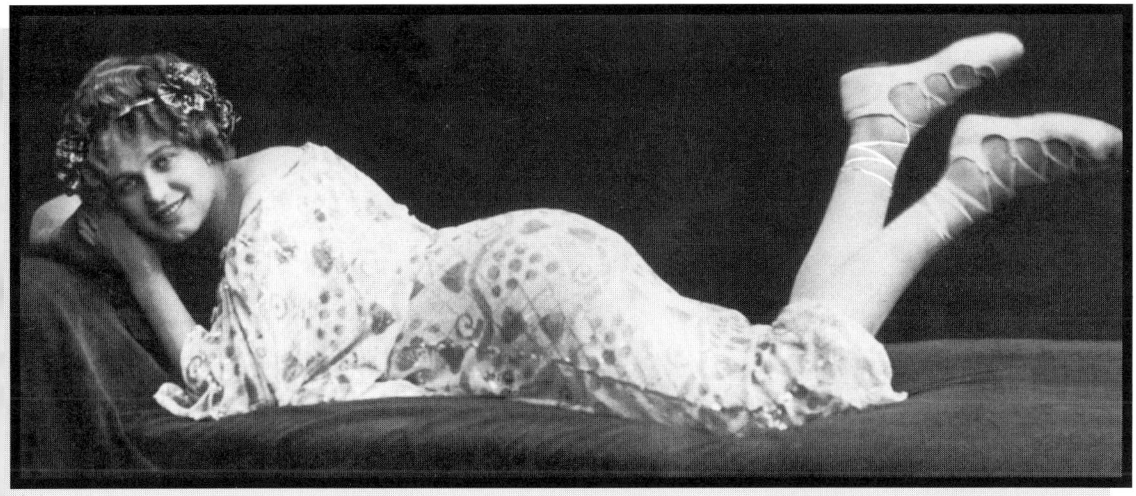

Maria Jeritza als Helena, die schönste Frau der Welt.

> Zahl, hauptsächlich Stoffe von den Tuchfabrikanten, Wäsche, Freßkörbe, Champagner, Weine, Schnäpse, Blumen und Lorbeerkränze mit pompösen Schleifen und schmeichelhaftestem Draufgedruckten. Wenn man auf der Bühne erschien, wurde man mit einem frenetischen Applaus empfangen. Da hatte man still zu stehen, feuchte Augen zu bekommen und gerührt zu flüstern. War das Haus voll und es stand dafür, flüsterte man: ‚Oh, das ist zuviel. Ihr beschämt mich – Dank – Dank!' War es leer und eine Pleite, murmelte man vor sich hin: ‚Schweinebande, Banausenbande, dreckige!'"[3]

Mit dem „Glanz ihrer hohen Töne" und der sympathischen Ausstrahlung ist die Sopranistin neue Kleinstadtprimadonna – allerdings lassen die darstellerischen Leistungen noch auf sich warten. Sie ist kein Naturtalent, ihr Alltag Übung und harte Arbeit.

1907 kommt Maria Jeritza nach Wien an die Volksoper. Dies „Haus am Gürtel" mausert sich gerade zur starken Konkurrenz, seit Gustav Mahler die Hofoper „am Ring" verlassen hat. Zunächst steht sie nur als zweite Besetzung

Auf dem Titelblatt der „Bühne".

auf der Bühne – die Auswahl an guten Sängerinnen ist groß, das Niveau hoch –, aber ganz allmählich sind Mizzis Fortschritte unübersehbar. Die Kritik nimmt Notiz von ihr, nennt sie „wertvolle Bereicherung". Im Sommer 1910 singt sie in Ischl Operette, entpuppt sich als Doppeltalent, lernt das Universalgenie Franz Lehár am Dirigentenpult kennen und ist mit ihrer Sommersaison zufrieden. Kurz darauf holt der Theaterzauberer Max Reinhardt sie für Offenbachs *Schöne Helena* nach München. Bei ihm genießt sie individuellen Schauspielunterricht, lernt ihren Körper gezielt einzusetzen: „Er hat mich von Tischen heruntergeworfen, Stühlen heruntergeworfen, bis ich glaubte, er hätte mir alle Knochen im Körper gebrochen." Die Premiere wird ein Erfolg, Mizzi eine begehrte Helena – und die Volksoper hat einen neuen Star. Dem, wie ein Boulevardblatt süffisant schreibt, die „Verhaftung droht" oder sogar „Krieg"! Was ist geschehen? Mizzi Jeritza hat einen Tourneevertrag bei Reinhardt unterschrieben, obwohl noch an die Volksoper gebunden, im guten Glauben daran, bei besserer Gage freizukommen. Der Direktor hat doch versprochen, „ihrem Glück nicht im Wege zu stehen"! Über Nacht ist der Name Jeritza Wiener Stadtgespräch, wird vom Kulturfaktor zum Lokalereignis. Als sich die Wogen glätten, Reinhardt auf die Vertragserfüllung verzichtet, die neue Saison beginnt, ist Mizzis Begabung zur Singschauspielerin deutlich geworden. Sie übernimmt die weibliche Hauptrolle in der Oper *Siberia* – und die Kritiken titeln „Primadonna der Volksoper". Dann geht es Vorhang auf Vorhang, Hauptrolle auf Hauptrolle, bis, ja, bis die Hofoper sich meldet. Spektakulär ist das dortige Debüt, „die wohlbelichtete ‚keusche' Verschleierung dieser vom goldenen Scheitelhaar bis zur rosigen Fußspitze nackten Aphrodite läßt den Körper wie transparent erscheinen und ist wohl das Höchste, was im Anschauungsunterrichte für die reifere Jugend bisher auf einer Hofbühne geleistet worden ist".[4] Die Nacktsängerin erhält Ovationen auf offener Szene.

In die Annalen der Operngeschichte geht Maria Jeritza durch ihre erste Uraufführung im Herbst 1912 ein: In Stuttgart singt sie die Titelrolle von Richard Strauss' *Ariadne*. Für den im deutschen Sprachraum angesehensten Komponisten (nicht mit den Walzerkönigen zu verwechseln!) zu singen, gemeinsam mit internationalen Stars auf der Bühne, vor den Augen der gesamten musikalischen Welt – welch ein Glücksmoment! Bei dieser Erstfassung der *Ariadne* lernt Mizzi – noch steht dieser Vorname auf dem Theaterzettel – die bekannte Wiener Tänzerin Grete Wiesenthal kennen, die in einer Pantomime den Küchenjungen spielt. Die 25-jährige Jeritza besteht ohne Probleme in dieser illustren Gesellschaft. Die Kritik lobt ihre „klassische Größe im Gesang", ihre „rührende Anmut und herrliche Stimme". Zurück in Wien singt sie gegen Ende der Saison an beiden Opernhäusern, oft drei Aufführungen an zwei Tagen. Dass der alte Volksopernvertrag ausläuft und sie endlich vollwertiges Hofopernmitglied wird, kommt ihr daher sehr gelegen. Unter Direktor Gregor wird Wien zur Strauss-Stadt, in sieben Jahren stellt er bis 1918 drei große Premieren dieses Komponisten auf die Beine, alle besetzt mit Maria Jeritza.

Zunächst aber ist sie *Das Mädchen aus dem goldenen Westen;* als Cowgirl Minnie führt sie die Oper von Giacomo Puccini zu einem Sensationserfolg, denn „die blonde Squaw Jeritza war das Mädchen Minnie und war es so anmutsvoll, so beherzt und voll solcher Leidenschaft und beseelter Kraft der jauchzenden Stimme, daß es vielleicht die eindrucksvollste Leistung der Künstlerin geworden ist". In ganz Europa wie auch später in den USA ist Maria Jeritza Garantin für die Popularität des Werkes. Keine andere Rolle singt sie über so lange Zeiträume hinweg – allein in dieser ersten Saison 1913 knapp dreißigmal. Der englische Tenor Alfred Piccaver ist hier, bald auch in weiteren Verismo-Opern ihr idealer Partner. Seine weiche, lyrische Stimme harmoniert ideal mit ihrer strahlenden Leuchtkraft. Nur schauspielerisch hat er nicht viel drauf, ist konventionell, fast leidenschaftslos. Wenn er einmal nicht den ganzen Abend wie festgeleimt auf den Brettern steht, stattdessen zwei Schritte macht und dabei die linke Hand hebt, sagen die jungen Leute im Parkett ganz berauscht: „Hast du gesehen – der Piccaver kann ja doch spielen!" Trotzdem – auf ein solches Paar hat Wien lange gewartet. Dazu eine Puccini-Oper, und echte Operngourmets schwelgen im siebten Opernhimmel!

Doch dieser trübt sich ein. Der Erste Weltkrieg beginnt. Sofort wird der Opernbetrieb auf vier Abende pro Woche reduziert. Auf dem Spielplan stehen nur noch tote Franzosen und Italiener, Verdi heißt nicht mehr Giuseppe, sondern Josef – und Opern wie *Bohème, Cavalleria* oder *Bajazzo* scheinen nicht mehr zu existieren. Patriotische Kriegszeiten verbieten „feindliche" ausländische Komponisten und ihre Werke. Im nächsten Jahr werden die Eintrittskarten drastisch teurer, trotzdem ist das Haus voll, dem Kriegsgewinnlerpublikum, sagen die Stammgäste, sind die Preise egal.

Die Jeritza spielt inzwischen die interessanten, vielschichtigen Frauengestalten, die eine große Portion Theatralik vertragen. Sie will ihr Theatertemperament ausleben, in Ausbrüchen, vor allem durch Kontrastwirkungen.

> „Nach Bedarf gefolterte Dulderin und dämonische Rachegöttin, hat sie erschütternde Schreie der Leidenschaft und ergreifende Schmerzlaute und multipliziert schließlich die Tosca mit der Elektra."[5]

Einen völlig anderen Bühnenstil erlebt das Publikum, wenn Lotte Lehmann auftritt. Diese ebenfalls jugendlich-dramatische Sopranistin singt nicht Töne, sondern Gebärden, nicht Phrasen, sondern Empfindungen. Mit einer Intensität, die bisweilen zu Tränen rührt. Mit einer Stimme von sinnlicher Schönheit und zugleich innigster Wärme.

Maria Jeritza und Richard Strauss.

Lotte Lehmann als Komponist in „Ariadne auf Naxos".

1914 kommt sie an die Hofoper, zwei Jahre nach der Jeritza. Aufgewachsen ist Lotte Lehmann in der Mark Brandenburg, mit vierzehn Jahren zieht sie mit Eltern und Bruder nach Berlin, nimmt privaten Gesangsunterricht bei verschiedenen Sängerinnen. Mit Hilfe eines Mäzens fährt sie zu ihrem ersten Engagement nach Hamburg. Jämmerlich kleine Rollen spielt sie, all die Damen, Pagen und Dienerinnen, die das Operntheater so bietet! Erst allmählich wird die Leitung auf sie aufmerksam. Der Wiener Hofoperndirektor Gregor, auf Tenorsuche in Hamburg, sieht Lotte als Micaela in *Carmen* – und engagiert sie sofort. Wien wird ihre künstlerische Heimat, für viele Musikbegeisterte gilt die Deutsche als die wienerischste aller Sängerinnen.

Alma Mahler verliert rasch ihr Herz an sie, Erika Mann sieht die Sängerin als Zauberwesen, die Erinnerungen an eine überirdische Märchengestalt ihrer eigenen Kindheit weckt:

> Die „schöne Stirn war nicht nur angestrahlt von den Rampenlichtern und Scheinwerfern – auf ihr lag der Glanz, der von innen kommt, Widerschein der Reinheit und Begeisterung, des Sich-völlig-Gebens und Aufgehens in Himmelsmusik".[6]

Jahre später werden die beiden Freundinnen. Die opernbegeisterten Gymnasiasten auf der vierten Galerie schwärmen für viele Solisten, Dirigenten und Sängerinnen, LL aber, wie Lotte Lehmann bald genannt wird, lieben sie.

Mit Jeritza und Lehmann hat der Opernchef die interessantesten deutschsprachigen Sängerinnen an sein Haus geholt. Völlig verschieden in Aussehen, Wesen und Temperament, verkörpern sie auch unterschiedliche Bühnengestalten. Lotte Lehmann, mit bravem Mittelscheitel und äußerlich eher unscheinbar, singt die fraulichen, romantisch empfindsamen Partien. Maria Jeritza hat das „gewisse Etwas", „ihr goldenes Haar, ihre verführerischen blauen Silberblick-Augen, ihre unbeschreiblich schönen Hände und die längsten Beine auf der Bühne blieben nicht eben unbemerkt". Sie ist die Diva des Theaters und Lotte Lehmann eine große Musikerin. „Sie gab sich aus, verströmte sich, ... sie juchzte, jauchzte – und sie japste." Ihre Gesangstechnik ist nicht perfekt. Aber darüber, findet ein Kritiker, müsse man nicht reden. Schließlich beklage sich auch niemand, dass die Venus von Milo keine Arme hat. Manchmal stehen die beiden Sopranistinnen gemeinsam auf der Bühne – das bedeutet „Manna für die Abendkasse". Dann müssen ihre Fans getrennte Ausgänge benutzen, sonst gibt es „veritable Schlachten".

Mit knapp dreißig Jahren hat Maria Jeritza den Durchbruch als Singschauspielerin endgültig geschafft, eine erstaunliche Einheit von Darstellung und Gesang hebt sie weit über eine klassische Opernsängerin hinaus, als „heißblütig singende Charakterspielerin" kreiert sie fast ein eigenes Fach. Die letzten Erstaufführungen an der Hofoper kurz vor Kriegsende zeigen die Ausstrahlungskraft der Künstlerin: Leos Janaceks mährische Nationaloper *Jenufa* ist ein Zugeständnis an den Vielvölkerstaat – schließlich liegt die Monarchie in den letzten Zügen. Die *Salome* von Strauss spiegelt angesichts des drohenden Untergangs eine trügerische Toleranz – die engstirnige Zensur hatte dies Meisterwerk zuvor verhindert: Eine Femme fatale, die sich vor ihrem königlichen Stiefvater im *Tanz der sieben Schleier* windet, am Ende nackt dasteht und zur Belohnung den Kopf Johannes des Täufers fordert, ist für den österreichischen Klerus zu viel!

1918 startet die Republik Österreich. Das Hofburgtheater heißt jetzt Burgtheater, das Hofoperntheater Staatsoper, Richard Strauss wird, gemeinsam mit Franz Schalk, dessen Direktor. Das Musikleben in Wien hat weiterhin einen hohen Stellenwert. Viele Neureiche, Kriegsgewinnler, auch Schieber ge-

Richard Strauss hat die Uraufführung der „Salome" durchgesetzt.

nannt, können sich jetzt die teuren Plätze leisten! Ein Großteil der Bevölkerung aber hungert. Nach der Währungsreform von 1924 kommt die nächste Krise, die sorgt für leere Theater und Opernhäuser. Die sozialdemokratische Regierung Wiens macht Kulturarbeit fürs Volk, gründet Arbeiterbüchereien und Arbeiter-Theatervereine. Dazu kommen neue Institutionen wie die sozialdemokratische Kunststelle, die sozialistische Bildungszentrale, eine Volksbildungsstelle für die studierende Jugend und den Zentralrat geistiger Arbeiter. Alle organisieren und sponsern Besuche in Theater und Oper.

Für Maria Jeritza beginnt die neue Ära mit einer „Parforcetour veristischer Schauspielkunst", Mascagnis *Cavalleria rusticana,* der sizilianischen Bauernoper um das Mädchen Santuzza und den Dorf-Don-Juan Turridu. Diese Alternative zu den Tragödien im Stil der Grand opéra und der mystischen Düsterkeit Wagners zeigt alle traditionellen Opernkonflikte: Liebe, Verführung, Untreue, Eifersucht, Mord und Totschlag, dazu Trinklied und Gebet – und das alles in knapp anderthalb Stunden.

> „Eine Rolle, die nach Frau Jeritza rief, ist ihr endlich zugefallen. Sie gab sie mit ihrer genialen Gestaltungskraft. Eine hellblonde Sizilianerin, der die Leidenschaft das Haar in die Stirne wirft, aus der sie die fassungslosen Handbewegungen der Ver-

LINKS **LL in der Uraufführung der „Frau ohne Schatten", Wien 1919.**

Opernvorstellung 1920: Das Publikum der Schieberzeit lümmelt, schmust, frisst und säuft. Karikatur von Theo Zasche.

> zweiflung realistisch zurückstreichen ... Echt die Santuzza-Schreie, echt das Zubodenstürzen der Mißhandelten. Einmal läßt sich Frau Jeritza von Turiddu buchstäblich brutal die Treppe vor die Kirchentür hinabwerfen."[7]

Stets kulminiert die Handlung im Sturz über die Kirchentreppe, von dort schleudert Santuzza ihrem treulosen Geliebten Turridu den Fluch nach: „Auf dich die roten Ostern! Treuloser!" Das ist ein typischer Jeritza-Effekt, der den Höhepunkt der Handlung – Santuzza versucht vergeblich, den Liebsten zurückzugewinnen – wirkungsvoll unterstreicht und der nie seine Wirkung verfehlt. Nur Jeritzas Partner Piccaver ist nicht unbedingt begeistert, versucht auch schon mal, den spektakulären Sturz seiner Partnerin zu verhindern: Nach seinen letzten Worten im Duett wendet er sich schnell der Kirchentür zu, ohne Santuzza-Maria den vereinbarten Stoß zu geben. Aber die Jeritza begreift blitzschnell seine Absicht. Sie hält ihn fest und zieht ihn zu sich heran, als wolle sie ihn leidenschaftlich umarmen. Instinktiv hebt Piccaver die Hände, will sie abwehren – da stößt sie sich von ihm ab und stürzt sich die Stufen hinunter. Der Boykott eines Tenors: vergeblich!

Maria Jeritza in ihrer Wiener Wohnung.

1919 wird aus der Kammersängerin Jeritza eine Baronin. Kurz nach der Scheidung von ihrem ersten Mann, dem Fabrikanten Wiener, war Leopold Popper, Freiherr von Podhragy, zu ihr in die Stallburggasse gezogen. Jetzt heiraten sie, und er managt ab sofort die Karriere seiner Frau. Lange Nächte, ausgelassene Feste sind eher selten – stattdessen gibt es eine Diät mit Ananassaft. Die Wohnung liegt über dem Tanzcafé Sans Souci, hier trifft man sich zum Fünfuhrtee, der in den zwanziger Jahren groß in Mode kommt. „Du trittst ein, im Straßenkleid, vom shopping kommend, nimmst einen Tee, guckst nach Bekannten aus, tanzt ein paar Takte und bist schnell wieder zu Hause ... In jeder Stimmung und in jeder Gesellschaft fühlt man sich wohl beim Five o'clock."[8]

Das Wiener Opern-Highlight 1920 ist die *Tosca* von Puccini – für die Jeritza eine Paraderolle mit wesensverwandten Zügen: Die Primadonna als Primadonna! Kritiker bemühen Superlative, befinden die Leistungen der Hauptpersonen „von künstlerisch außerordentlicher Vollendung, gegenwärtig unter allen Opernbühnen der Welt einzigartig". Diese Bewertung kommt der Jeritza gerade recht – schließlich ist sie auf dem Sprung, fremdes Terrain zu er-

Tanzcafé Sans Souci in den zwanziger Jahren.

obern. Das mächtigste Opernhaus der Welt soll es sein, ihr Vertrag weist sie aus als „prima donna soprano". Um dem Titel gerecht zu werden, singt sie – sozusagen als Generalprobe für die New Yorker Metropolitan Opera – flugs in italienischer Sprache.

> „Der Abschied der Jeritza vom Wiener Publikum führte in italienische Regionen der Begeisterung. Das war nach der ‚Aida'. Bei einer großen Schneiderfirma war der ‚amerikanische Trousseau' der Diva ausgestellt. Ganz wie in Paris. Die Menschen der Gesellschaft, die davon wußten, drängten sich in den Salon, wo Pelze, Kostüme, Straßen- und Bühnenkleider

ausgestellt waren, die Maria Jeritza in Amerika tragen wird. Es sollen fabelhafte Stücke gewesen sein, und man erzählte, das Ganze habe zehn Millionen gekostet. Doch das muß nicht wahr sein. Die Leute übertreiben gern, wenn es sich um einen Star, seine Launen oder seine Toiletten handelt. Aber es ist zu hoffen, daß das Gepäck der Jeritza, man spricht von einigen Dutzend Koffern, der Phantasie amerikanischer Reporter genügen wird."[9]

In Amerika wird die Sängerin publikumswirksam empfangen. Und bereits ihr zweiter Auftritt ist ein Triumph auch über die regierende Primadonna Geraldine Farrar. Jeritzas Tosca ist phänomenal: prachtvolle Stimme, sichere gesangliche Leistung und einmalige schauspielerische Gestaltung. Dieser völlig neue Typ erweitert das amerikanische Opernleben entscheidend: nämlich um die Schauspielkunst. Damit macht die Jeritza Interpretationsgeschichte. Das Publikum feiert sie „als Verwirklichung seiner Ideale", die Presse nennt sie „unzweifelhaft eine der größten Zugkräfte der Metropolitan seit langer Zeit", die zudem von erregender Schönheit und Intensität sei – kurz: eine Tosca der Extraklasse! Die „Met" wird ihr Stammhaus für über zehn Jahre, die Jeritza pendelt fortan zwischen Wien und New York.

Die Jeritza, Karikatur von 1921.

Zurück in Wien, wird sie enthusiastisch gefeiert. Sie ist Wagner-Interpretin, singt den *Rosenkavalier,* eine Hosenrolle, und wieder die Tosca. Als Primadonna der „Met" singt sie das Werk in Originalsprache – dies ruft auf der

Bühne heillose Sprachverwirrung hervor. Sie und der Bariton singen italienisch, der Tenor deutsch, der Bass wieder italienisch und ein vierter abwechselnd deutsch und italienisch, und auch Schließer, Hirte, Kardinal und Volk bald deutsch, bald italienisch. Das Publikum stört's nicht, der Applaus steigert sich und von den Galerien werden Blumen geworfen.

Lotte Lehmann steht zu dieser Zeit nicht so hoch in der Gunst der Wiener Gesellschaft. Eine gewisse Baronin Krause hat ihrem musikbegeisterten Mann Otto ein Hauskonzert mit Madame Lehmann geschenkt, Beschenkter und Geschenk verlieben sich ineinander, treffen sich heimlich – und schon kursieren Gerüchte. Lottes Südamerika-Tournee soll Bedenkzeit bringen, aber Otto Krause taucht urplötzlich in Montevideo auf: Er hat es in Wien ohne Lotte nicht mehr ausgehalten. Sie will ihn auch, aber ihre preußisch-gutbürgerliche Familie, mit der sie in Wien zusammenlebt? Was wird sie sagen? Der Mann ist verheiratet, Jude – und hat vier Kinder! Es kommt noch schlimmer. Die Affäre ihres Mannes hat bei der Baronin einen Schlaganfall zur Folge und ein Leben im Rollstuhl, bei Lotte heftige Anfeindungen ihrer Eltern und einiger Ensemble-Mitglieder. Otto und sie ziehen in die Schwindgasse im vierten Bezirk, sie heiraten erst 1926, und nach dem Tod der Baronin erbt Lotte vier erwachsene Kinder – wo sie doch Tiere eigent-

Lotte und Otto Krause.

lich viel lieber mag! Meist hat sie eine ganze Meute, „die prächtig verzogenen Hunde" machen es sich in den Wohnzimmer-Fauteuils gemütlich. LL hält sich Reitpferde, später auch Hühner und sogar einen Papagei. Otto arbeitet als Bankier und lebt seine Rolle als Ehemann einer immer bekannteren Künstlerin. Der verzeihen Presse und Publikum die amourösen Eskapaden schnell, denn „nichts geht dem Wiener näher als ‚seine Oper'" und das Leben seiner Stars.

In der Bizet-Oper *Carmen* stehen Lotte Lehmann und Maria Jeritza gemeinsam auf der Bühne:

> „Mme Jeritza war überaus beschäftigt. Sie unternahm einen heftigen Anlauf zu einem spanischen Tanz; sie rekelte sich auf Tischen und in Stühlen, legte Männern ihre Füße auf die Beine, sprang auf Tische und steckte sich, sogar während des Singens, Zigaretten an."[10]

Kokett, leidenschaftlich, furchtlos und mitreißend beherrscht die Jeritza die Szenerie, Lotte Lehmann als Carmens Gegenpart Micaela steht am Rande des Geschehens.

1928 erleben die Wiener Musikfans eine denkwürdige *Rosenkavalier*-Aufführung. Maria Jeritza singt die Partie des Oktavian, ihre Rivalin Lotte Lehmann ist die Marschallin. Die Spannung ist elektrisierend, dieser Abend ein lang entbehrter Leckerbissen für alle Opernenthusiasten. Die Kritik behauptet, dass er „durch den Zusammenklang der beiden so eigentümlich schönen Stimmen und durch das Gegenspiel der beiden Temperamente in ihrer stark ausgeprägten Gegensätzlichkeit ungewöhnlich fesselte".[11]

Im Frühjahr 1930 betritt Maria Jeritza die Bühne als Brünnhilde in Wagners *Walküre*. Endlich eine Brünnhilde fern der Walhall-Schablone, endlich eine jugendlich-strahlende Wotanstochter, keine gesetzte Hochdramatische. „Dieser anmutigen, biegsamen Walküre würde man eher ein siegreiches Tennis- oder Polomatch als einen siegfrohen, blutigen Kampf zutrauen", stellt die *Wiener Zeitung* fest.[12]

Während die Jeritza an der Met singt, gastiert Lehmann regelmäßig an der Covent Garden Opera London. In Paris, Stockholm, Berlin und Dresden gibt sie Gastspiele, Erfolge feiert sie bei den alljährlichen Salzburger Festspielen. Erst als Maria Jeritza als Primadonna der Met 1932 abtritt, wird sie in New York auftreten.

1934 gibt Lotte Lehmann ein Konzert in Dresden, wird ans Telefon gerufen und umgehend nach Berlin bestellt – zu einem Treffen mit Hermann Göring, Reichsinnenminister der deutschen Nazis. Er will Lotte als Nationalsängerin, verspricht ihr eine hohe Gage, eine Pension, eine Villa und nur gute Kritiken: wer es wage, sie zu kritisieren, werde liquidiert. Lotte lacht, hält das Ganze für einen Witz. Außerdem „habe sie nun mal eine Vorliebe für die Wiener Oper". Und Görings Bedingung, nach Vertragsabschluss nur noch im Deutschen Reich zu singen, lehnt sie entschieden ab, schließlich sei „Musik eine internationale Sprache". Trotz ihrer Ablehnung schickt der Reichsminister Lotte ein paar Tage später einen Vertrag. Sie reagiert in einem Schreiben mit offenen Angriffen auf das deutsche Regime. Und merkt schnell, wie gefährlich die politische Lage inzwischen ist:

> „Ich beschloß, ganz in den Staaten zu bleiben. Das war 1938, als Adolf Hitler in Österreich einmarschierte. Ich bin ja sozusagen arisch (dies herrliche Wort!) und hätte aus diesem Grunde nichts zu befürchten gehabt. Aber da war der Krach mit Göring gewesen, dem das Verbot folgte, daß ich in Deutschland nicht mehr singen durfte. So glaubte ich, daß man mich einsperren oder mit mir sonst etwas machen würde, wenn diese Bande Wien eingenommen hätte. Aber selbst wenn ich das nicht befürchtet hätte: ich bin ein sehr freiheitsliebender Mensch, und ich hätte auf jeden Fall Wien verlassen, denn in Unfreiheit und unter Zwang leben, das Grauen vor Augen … Nein! Alle Welt wußte, daß ich gegen das Regime war. So bin ich weggegangen und habe mich ganz in Amerika niedergelassen."[13]

RECHTS **Lotte Lehmann im Urlaub, 1933.**

Mit der Saison 1931/32 endet Maria Jeritzas Vertrag an der Metropolitan Opera. In Zeiten der Weltwirtschaftskrise kann sich die Met so eine teure Primadonna nicht mehr leisten. Die Diva wird Reisesängerin, tourt durch ganz Amerika und verdient gigantische Summen. 1933 dreht sie den Tonfilm *Großfürstin Alexandra* mit Musik von Franz Lehár, aber der Film floppt – offensichtlich fehlt dem Star die Live-Atmosphäre der Bühne. An der Wiener Staatsoper tritt die Jeritza jetzt immer seltener auf, 1935 gibt sie als *Tosca* ihre letzte Vorstellung. Im gleichen Jahr heiratet sie nach der Scheidung von Popper den amerikanischen Film-Boss Winfried Richard Sheehan. Mit ihm lebt sie in Kalifornien, gibt pausenlos Gastspiele, Konzerte und Wohltätigkeitsveranstaltungen. Ihr Haus in Beverly Hills wird Anlaufstelle für österreichische und deutsche Künstlerinnen und Künstler auf ihrer Flucht vor der NS-Diktatur.

DER MAGISCHE CHARAKTER

> „Sie spielte, fast wie Derwische tanzen, in halber Trance – zugleich Medium und Hypnotiseur ihres Publikums. Wenn sie auftrat, war es, wie wenn ein Licht aufging, und niemand konnte sich ihrer suggestiven Kraft entziehen.“[14]

Das Deutsche Volkstheater in Wien eröffnet die Herbstsaison 1912 mit einer Erstaufführung. *Die Zarin,* ein Schauspiel voller Erotik, Verschwörung und Abenteuer, erzählt vom Leben der russischen Kaiserin Katharina der Großen. Aber an diesem Abend interessiert sich kein Mensch für das Stück, die Sensation ist die neue Hauptdarstellerin. Ida Roland ist auf Gastspielreise im Wiener Grand Hotel abgestiegen, am nächsten Morgen steht ihr Name in allen Zeitungen. Mit dieser Rolle ist die 31-jährige Wienerin der neue Shootingstar, „sie spielte gestern das ‚Deutsche Volkstheater' in Grund und Boden“, begeistert sich die *Wiener Allgemeine Zeitung.* Vorstellungen sind nach der Premiere monatelang ausverkauft, die Roland ist Stadtgespräch. Wenn sie durch die Kärntnerstraße geht, die lichtempfindlichen Augen durch eine dunkle Sonnenbrille geschützt, drehen sich alle nach ihr um. Die Damen der feinen Wiener Gesellschaft reißen sich darum, den Star kennen zu lernen, Fotografinnen und Maler wollen sie portratieren, Zeitschriften bringen ihr Bild auf den Titelblättern. Ida Roland ist weit entfernt von einer klassischen Heroine,

> „sie hat nichts, was der Wiener an seinen Frauen liebt. Für die Tragödin fehlt ihr die klassische Linie, für die Liebhaberin der prickelnde Charme, der die Sinne in Bann schlägt und den Verstand auf Reisen schickt ... Sie ist zu klein, um zu imponieren, zu groß, um als ‚lieb' und ‚herzig' zu gelten.“[15]

Gastspiele gibt die Schauspielerin in den deutschen Metropolen, in Prag und Budapest. Hier kennt sie die ruhigsten Zimmer der ruhigsten Hotels, denn die Schauspielerin hasst Straßenlärm und schrille Stimmen. Das unabhängige Starleben mit Rekordgagen und viel Abwechslung gefällt Ida Roland, aber die damit verbundenen großen Gesellschaften meidet sie. Viele Menschen, Tabak- und starker Parfumgeruch sind ihr ein Gräuel. Lieber geht sie abends früh schlafen und freut sich auf den Morgenkaffee, ihre liebste Mahlzeit am Tag. Ihre Tourneen dauern nie länger als sechs Monate im Jahr. Um die seelische Kraft zum Spielen zu finden, lebt Ida Roland viel auf dem Land, genießt das naturnahe Leben, den Wechsel der Jahreszeiten. „Durch ihre hohen Gagenforderungen schuf sie eine Barriere gegen Überarbeitung."

Ida Roland stellt hohe Ansprüche: Sie will gute Partner, viele Proben, schöne Dekorationen – Regisseure und Direktoren wollen schnelle Serienerfolge und volle Kassen. Während des Ersten Weltkrieges ist leichte Unterhaltung besonders gefragt. Die Soldaten, die von der Front kommen, und ihre Familien in Wien haben genug Tragödien vor und hinter sich. Sie strömen in die Theater, um zu lachen und zu vergessen. Drittklassige Aufführungen zweitklassiger Stücke ersetzen die großen Rollen der Weltliteratur.

1915 heiratet Ida Roland Dr. Richard Graf Coudenhove-Kalergi. Der Schriftsteller und Politiker ist engagierter Verfechter einer europäischen Friedensbewegung. Als überzeugte Pazifistin ist Ida Roland fasziniert von der Paneuropa-Bewegung und nutzt ihre Freundschaften zu Schriftstellerinnen, Literaten und SchauspielerInnen, um diese Idee weiterzutragen. Mit ihrem Mann fährt sie kreuz und quer durch Europa, ab 1925 auch nach New York, Washington, Chicago und Boston.

> „Bei den unzähligen Diners, die uns zu Ehren gegeben wurden, war Ida Roland meist Tischdame eines Ministers, Botschafters, Chefredakteurs oder Wirtschaftsführers", erinnert sich ihr Mann. „Natürlich kam stets das Gespräch auf Paneuropa. Immer wieder gelang es ihr durch ihre Schlagfertigkeit, ihren Charme und ihren Geist, führende Männer der Politik und der Wirtschaft aus Skeptikern in Anhänger unserer Bewegung zu verwandeln."[16]

Eine ihrer Hosenrollen: Ida Roland im „Mahl der Spötter".

1919 unterschreibt Ida Roland einen Mitgliedsvertrag am Wiener Volkstheater. Hierher zieht es vor allem junge Leute mit einem Faible für moderne Stücke, aber auch wohlhabende Mittelschichtsbürgerinnen und -bürger, die gern eine lockere Boulevardkomödie genießen und „erotisch gepfefferte Ware" zur abendlichen Entspannung nicht verschmähen. Ans Volkstheater angeschlossen ist die kleine Avantgardebühne „Kammerspiele" für experimentierfreudige Regisseure. Hier spielt Ida Roland hauptsächlich moderne Dramatik. 1920 kommt die Wiener Erstaufführung von Frank Wedekinds Drama *Schloß Wetterstein* auf die Bühne, mit Ida Roland als Hauptfigur Effie. Der Autor ist gerade zwei Jahre tot, prompt ist er ‚in'. Nie wieder wird Wedekind so oft gespielt wie in den Zwanzigern. In Berlin und München hat es bei den Erstaufführungen Skandale gegeben. In Wien wird das Drama zu einem Serienerfolg mit 135 Aufführungen, nur die *Christlichsoziale Reichszeitung* lehnt das Stück als „Erforschung der Dirnenpsyche" ab. Die Edelhure Effie betreibt das Geschäft Prostitution in großem Stil auf Schloss Wetterstein und endet durch Selbstmord. Die Presse bescheinigt Ida Roland ein „wahrhaft fanatisches Hingegebensein an die Rolle". Ihre Effie ist nicht primitiv-triebhaft, nicht die kindlich-naive weibliche Verführerin, sondern eine tragische Figur, die an den Verhältnissen scheitert. „Sie bringt die Leute dazu, atemlos vor einem Schicksal zu sitzen."

Zur gleichen Zeit wagt sich Ida Roland an eine Regiearbeit für die Herausgeber der Literaturzeitschrift *Die Gefährten.* Im großen Musikvereinssaal Wien kommen zwei Einakter von Heinrich Mann auf die Bühne, neben der Regieführung spielt die Roland auf Manns ausdrücklichen Wunsch die weiblichen Hauptrollen.

> „Ich wäre glücklich, die Rolle in Wien gerade von Ihnen gespielt zu wissen", drängt er in seinen Briefen immer wieder. „Ich habe es mit der Aufführung im Grunde nicht sehr eilig, mir liegt nur daran, daß Sie spielen."[17]

Ähnlich wie Effie in Wedekinds Drama geht es Ruth, der Protagonistin in Hans Kaltnekers Stationendrama *Die Schwester.* Die Tochter aus gutem Haus liebt ihre Stiefschwester; deshalb davongejagt, wird sie Malerin, gerät in ziemlich üble Gesellschaft, wird Krankenschwester auf einer Station mit syphiliskranken Frauen und endet völlig verwahrlost auf einer Polizeiwache. Ida Roland hat schon mehrfach versucht, eine Aufführung des Stückes durchzusetzen, ist aber immer an der Zensurbehörde gescheitert. Lesbische Liebe ist in deren Augen kein Thema für's Theater, erst 1923 inszeniert die Wiener Renaissancebühne das Stück – und Ida Rolands expressionistische Gestaltung wird umjubelt. Ihre Gestik und Mimik bringen inneres Erleben nach außen, der Körper wird Medium der Seele. Ihre Sprache ist nicht nur Übermittlerin eines Begriffs.

> „Das Wort, als Vertreter der nicht-sinnlichen Elemente der Bühnenkunst und damit als eigentlicher Träger des schöpferischen Funkens, soll die Keimzelle sein, aus der die gesamte Bühnenleistung erwächst."[18]

Magisches Versenken in sich selbst, ekstatisches Gestalten aus dem eigenen Erleben heraus sind wichtigste Elemente bei Ida Rolands Rolleninterpretationen. Sie lässt sich während des Spiels nie von einer Souffleuse unterbrechen, kurzfristige Umstellungen – zum Beispiel eine veränderte Bühnenmusik – bringen sie derartig aus der Fassung, dass sie tagelang nicht spielen kann. Für Ida Roland ist Schauspielkunst

> „die Kunst des Unterbewußten; ... sie wurzelt in Autosuggestion und gipfelt in Massensuggestion. Publikum und Protagonist sind die beiden Pole eines okkulten Strahlensystems. ... Der gefüllte Zuschauerraum ist der Resonanzboden des schauspielerischen Wirkens, während der Protagonist Brennpunkt und Reflektor der Seelenkräfte des Publikums ist, ihr Hypnotiseur und ihr Medium zugleich."[19]

Überhaupt fasziniert Ida Roland das Übersinnliche. Sie glaubt fest an einen Zusammenhang zwischen Charakter und Schrift, deshalb ist ihr bei der Einstellung einer Köchin die graphologische Expertise wichtiger als sämtliche Zeugnisse. Meist befragt sie zwei Graphologen, um Fehldiagnosen zu vermeiden! Als Venusgeborene hält sie den Freitag für ihren Glückstag – wenn

„Die Burg“.

irgend möglich, ist Freitag Premierentag. Sie glaubt an Schicksal und Vorsehung, an Vorzeichen und Prophezeiungen, an die Macht guter und schlechter Gedanken. Und nachts legt sie das Textbuch unter ihr Kopfkissen, damit sich im Schlaf die Rolle besser einprägt!

1923 bietet das Burgtheater Ida Roland einen Vertrag an. Darauf hat sie schon lange gewartet. Hier findet sie endlich,

> „was sie ihr Leben lang gesucht hatte: eine herrliche Bühne, erstklassige Partner, eine verschwenderische Ausstattung mit wundervollen Kostümen; vor allem ein Theater, das nicht dem Geschäft diente, sondern der Kunst.“[20]

Auch nach dem Zusammenbruch der Monarchie repräsentiert „die Burg“ das künstlerische Österreich und bleibt die erste Bühne Wiens, nur die Höhe der staatlichen Subventionen hält diesem Rang nicht stand. Da geht es dem Regisseur und Theaterreformer Max Reinhardt ganz anders. „Ich höre, Sie su-

Max Reinhardt.

chen ein Theater. Bitte sagen Sie mir welches, ich möchte es Ihnen schaffen", schreibt ihm der steinreiche Bankier Camillo Castiglioni. Und kauft ihm tatsächlich das Theater in der Josefstadt. Ab 1924 verwirklicht der Zauberer Reinhardt hier seine Bühnenträume, macht Theater, „das den Menschen wieder Freude gibt. Das sie aus der grauen Alltagsmisere über sich selbst hinausführt in eine heitere und reine Luft der Schönheit".[21] Wien ist hingerissen von Reinhardts Klassiker- und Shakespeareaufführungen mit komödiantischem Feuerwerk. 1920 hat er die Salzburger Festspiele ins Leben gerufen, zusammen mit dem Dichter Hugo von Hofmannsthal und Berta Zuckerkandl, die in ihrem Salon und ihren Presseartikeln das Projekt begeistert unterstützt. Mit legendären Inszenierungen, mit Massenspektakel und bühnentechnischem Raffinement sorgt Reinhardt für „Sternstunden des österreichischen Theaters". Seine Lebensgefährtin Helene Thimig – aus einer berühmten Wiener Theaterdynastie – brilliert als Schauspielerin am Deutschen Theater in Berlin. In den zwanziger Jahren pendelt sie zwischen diversen Wiener, Salzburger und Berliner Bühnen hin und her, schließlich wird sie der Star bei Reinhardt in der Josefstadt.

Statt Josefstädter Theaterzauber setzt das Burgtheater lieber auf Konventionelles. Es gibt nicht „den verschiedenen Popularisierungsversuchen" nach, sondern sieht seine Aufgabe darin, „dem gebildeten und dem bildungsdurstigen Teile des Volkes die kulturelle und geistige Nahrung zu geben, die es zu seiner Erholung und Erhebung braucht". Dabei setzt die Burg zuerst auf Ensemblekunst, nicht auf exzentrische Stars mit modernster Kunstauffassung wie Ida Roland. Die *Wiener Zeitung* findet allerdings:

> „Es wäre doch schade, wenn eine so interessante schauspielerische Persönlichkeit und das Burgtheater, das solcher Auffrischungen sehr bedarf, nicht miteinander verwachsen könnten, weil das träge Herkommen, der stille oder laute Widerstand der Bedrohten, der ‚Besitzenden' das hindern."[22]

Im Januar 1924 hat Ida Roland einen furiosen Auftritt in Ferenc Molnars Reißer *Die rote Mühle,* wo eine „dämonische Weibpuppe ihr Unwesen zu treiben hat". Diese „Harmonikarolle, von winselnder Höhe bis zum tiefsten Grunzen der Hölle", spielt die 43-Jährige mit Bravour, ihre subtile Ausdeutung und Darstellungskraft verwandelt „Talmiglanz in einen echten Edelstein".

Im Drama *Judith* von Friedrich Hebbel tötet die erniedrigte Heldin den selbstgefälligen, feindlichen Feldherrn Holofernes, mit dem sie eine Liebesnacht verbracht hat. Männermord als verzweifelter Protest der Frau gegen patriarchalische Unterdrückung, entpathetisiert und dynamisch-modern in Szene gesetzt – das ist Ida Rolands Rollengestaltung. Bei dieser Klassikerinterpretation sind Konflikte mit der Direktion vorprogrammiert. Mangelnde Ein- und Unterordnung wirft die Theaterleitung ihr vor. Publikum und Presse sehen das anders. Die *Neue Freie Presse* schreibt im Herbst 1925:

> „Es war die tragische Schuld des alten Österreich, daß es Gefügigkeit über Berufenheit stellte und aus Herrschsucht das souveräne Talent zurückstieß, um sich mit dem Mittelmäßigen zu begnügen, das allerdings in der Regel ungleich gefügiger ist."[23]

Ein Jahr später setzt Ida Roland die Aufführung des Dramas *L'Aiglon (Der junge Aar)* von Edmond Rostand – dem Autor des *Cyrano de Bérgérac* – durch und verursacht einen folgenschweren Theaterskandal. Im Stück wird der habsburgischen Monarchie die Schuld am tragischen Schicksal des Herzogs von Reichstadt, Sohn Kaiser Napoleons, gegeben. Die Monarchisten und deutschnationale Kreise sorgen für heftige Proteste. Ida Roland soll auf die Rolle verzichten. Aber sie besteht darauf. Sie besorgt sich alle Bilder des Herzogs, liest alles über ihn, was sie kriegen kann. Zu Hause trägt sie wochenlang sein Kostüm, bis sie sich ganz in seine Persönlichkeit eingelebt hat. *L'Aiglon* wird aufgeführt – aber Ida Rolands Vertrag nicht mehr erneuert. Das Stück wird ein triumphaler Erfolg, auch für die Theaterkasse.

Nach ihrem Abgang von der Burg spielt Ida Roland zwei Rollen bei Max Reinhardt in der Josefstadt und in Berlin. Aber „ihre Sehnsucht war das Burgtheater, und zugleich ihre tiefe Kränkung". Sie gibt ihrem Chauffeur Anweisung, bei Fahrten durch Wien den Franzensring, wo die Burg steht, möglichst zu umfahren.

Ida Roland als Herzog von Reichstadt.

Ab 1928 verbringt die Schauspielerin jeden Sommer im Berner Oberland. Mit ihrem Mann kauft sie ein altes Bauernhaus und baut es begeistert um. Ihre Tochter Erika – aus der ersten Ehe mit einem Petersburger Industriellen – ist Gärtnerin und gestaltet mit ihr rund ums Haus einen riesigen Naturpark mit Steingarten. Im Wald sammelt sie Körbe voll Steinpilze und Champignons. Abends geht sie um acht Uhr ins Bett, morgens steht sie um sieben Uhr auf. In der Schweizer Bergwelt, halb Bäuerin, halb Märchenprinzessin, findet sie Entspannung. Und sie geht auf Reisen, ohne Programm und Zeiteinteilung. Statt Mittagessen Punkt zwölf im schicken Restaurant macht Ida Roland lieber Picknicks auf der grünen Wiese. An Frühlingsabenden sieht ihr Auto manchmal aus wie ein Blumencorso – voller selbst gepflückter Wald- und Wiesenblumen. Vom Chauffeur lässt sie sich spazieren fahren, allerdings höchstens 60 Kilometer die Stunde und nicht mehr als 300 Kilometer am Tag. Sie sitzt nie selbst am Steuer – Autowandern nennt sie das. Wenn sie es eilig hat, nimmt sie den Schlafwagen.

1933 wird Hitler Reichskanzler in Deutschland. Die Paneuropa-Bewegung arbeitet für eine Allianz zwischen Frankreich, Italien, Österreich und kleineren Staaten gegen die deutsche Expansionspolitik. Ida Rolands Wohnung im Wiener Heiligenkreuzerhof wird zu einer Art paneuropäischer Gesandtschaft, zu einem politischen Salon. Österreichische Kanzler, Mitglieder der Bundesregierung und Diplomaten treffen sich mit einflussreichen Gästen aus aller Welt. Ida Roland wird eine Botschafterin im Kampf gegen den Nationalsozialismus.

Immer noch hofft sie darauf, „am Burgtheater die beiden Rollen ihrer Sehnsucht zu spielen: Kleopatra und Lady Macbeth". 1935 steht sie tatsächlich als ägyptische Königin auf der Bühne der Burg, zwei Jahre später, mit 56 Jahren, als Lady Macbeth. Sie gibt „die Verlockung des satanischen, aber auch die Melancholie des Bösen". Mit diesen Traumrollen beendet Ida Roland ihre Schauspielkarriere.

Für die Europa-Bewegung organisiert sie weiter Kongresse und macht Propaganda-Reisen.1938 emigriert sie mit Mann und Tochter in die Schweiz, 1940 nach New York. Hier übernimmt sie die technische Leitung beim fünften Paneuropa-Kongress. Als ein Ende des Zweiten Weltkrieges absehbar ist, gründet Ida Roland ein Amerikanisches Hilfswerk für Österreich, 1945 nimmt sie mit ihrem Mann an der Gründungskonferenz der UNO in San Franzisko teil. Ein Jahr später kehrt das Ehepaar in sein Bauernhaus ins schweizerische Gstaad zurück. Auf einer Reise stirbt Ida Roland im Alter von 70 Jahren 1951 in der Schweiz.

Ida Roland als Lady Macbeth.

KAPITEL 8

NEUANFÄNGE

„Was uns Emigranten einigt, uns unbewußt verbindet, ist das gemeinsame Erlebnis. Der große Bruch. Daß wir alle in der Mitte unseres Lebens umlernen, neu anfangen mußten“, schreibt Gina Kaus in ihren Memoiren *Von Wien nach Hollywood,* die 1979, sechs Jahre vor ihrem Tod, erscheinen. London, Sydney, New York, Tel Aviv – Exilstationen, wo viele Wiener Künstlerinnen, von denen in diesem Buch die Rede ist, ein neues Leben begannen. Die Anfänge waren oft mühsam, aber aufgegeben hat fast keine.

Frauen fanden sich im Exil meistens besser zurecht als Männer, konnten sich eher auf die veränderten Situationen einstellen. Gina Kaus trennte sich 1945 in Los Angeles von ihrem Ehemann.

> „Es gab da keine andere Frau, keinen anderen Mann. Ich konnte nur Eduards völlige Untätigkeit nicht länger ertragen ... Manchmal kam ich in der Mittagspause heim, um mit meiner Familie zu essen. Dann lag er meist noch im Bett. Eines Abends kam ich ziemlich müde nach Hause, ich setzte mich neben Eduard aufs Sofa und zündete mir eine Zigarette an. Wir plauderten. Nach einer Weile sagte ich: ‚Gib mir mal den Aschenbecher.‘ Er rührte sich nicht. ‚Nimm ihn dir selbst.‘ Ich sagte: ‚Ich lasse mich scheiden.‘“[1]

Die erfolgreiche Wiener Schriftstellerin kann sich und ihre Familie auch im Exil vom Schreiben ernähren. Statt Romane verfasst sie nun Drehbücher für Hollywood. In diesem Stadtteil von Los Angeles lebt die „Nobelemigration“ beisammen, wie z.B. Alma Mahler und Franz Werfel, Thomas Mann oder Lion Feuchtwanger. Für den Film zu schreiben, findet mancher Schriftsteller unter seiner Würde. Gina kann sich diese Einstellung nicht leisten und nimmt erst mal jeden Job an, den sie in den Studios kriegen kann. Sie wird eine bekannte Drehbuchautorin, ist bis in die fünfziger Jahre erfolgreich. In Deutsch-

Lotte Lehmann am Strand von Santa Barbara.

land wird der Spielfilm *Teufel in Seide* nach ihrem Roman *Der Teufel nebenan* ein großer Kinoerfolg.

An der amerikanischen Westküste lässt sich auch Lotte Lehmann nieder, nachdem sie 1938 ihren Vertrag mit der Wiener Staatsoper gelöst hat. Sie kauft ein Anwesen im kalifornischen Santa Barbara, wohnt hier nach dem Tod ihres Mannes mit einer engen Freundin zwischen ihren vielen Tourneen durch die USA. 1945 beendet die 57-Jährige ihre Opernkarriere. „Ein schwarzer Tag für Amerikas Musikleben", findet die *New York Post,* als LL 1951 ihr Abschiedskonzert in der Town Hall gibt. Die Kritiken feiern sie als größte Liedersängerin ihrer Zeit, die das deutsche Kunstlied in Amerika populär gemacht hat. „The Lied", sagen die amerikanischen Musikbegeisterten, und meinen damit Lotte Lehmann. Sie unterrichtet an der Music Academy in Santa Barbara, ist Malerin „aus Besessenheit", inszeniert in der Spielzeit 1962/63 an der Met den *Rosenkavalier* und veröffentlicht mehrere Bücher. Anfang der sechziger Jahre trifft sie bei einem Radiointerview Maria Jeritza – und erzählt danach von „zwei alten Katzen in Gestalt zweier halbtoter Primadonnen, die die ganze Zeit über wie Teenager herumkicherten". Die Jeritza versteckt sich hinter einer großen Brille mit dunklen Gläsern und viel Schmuck und „hat nicht die geringste Lust auf ein ernsthaftes Gespräch".

Vier Doktorhüte kann LL ehrenhalber aufsetzen, sie ist Ehrenmitglied der Wiener Staatsoper und trägt den Ehrenring der Wiener Philharmoniker. Ihr 77. Geburtstag im Februar 1965 wird in Santa Barbara zum Lotte-Lehmann-Tag erklärt. 1976 stirbt sie dort mit 88 Jahren und bekommt ein Ehrengrab auf dem Wiener Zentralfriedhof.

Maria Jeritza heiratet nach dem Tod ihres dritten Mannes den Schirmfabrikanten Irving F. Seery. Mit ihm kommt sie 1950 nach Wien und begeistert wieder alte und junge Opernfans. Die vermeintlich 63-Jährige ist laut Geburtsurkunde fünf Jahre älter, als echte Glamour-Diva hat sie sich kurzerhand verjüngt. Die berühmte Sängerin Maria Jeritza singt die berühmte Sängerin Floria Tosca. „Da stürzen Applaus und Geschrei lawinenhaft nieder. Minutenlanges Tosen, Händeklatschen, begeisterndes Geschrei." Erst 1953 tritt die „Duse der Oper" unter „Riesenovationen" endgültig von der Bühne ab. Sie sponsert den Wiederaufbau der Wiener Staatsoper, sitzt als kritische Zuhörerin in ihrer Loge der Met, fördert junge Talente und genießt bis zu ihrem Tod 1982 in ihrem Haus bei New York ein geselliges Leben.

Trude Fleischmann, um 1940 in New York.

Trude Fleischmann ist in ihrer zweiten Karriere über ein Vierteljahrhundert erfolgreich. Erst mit 73 Jahren gibt die Fotografin ihr Studio in New York auf und geht zurück nach Europa. Sie lebt 18 Jahre in Lugano in der italienischen Schweiz. Nach einem schweren

Unfall kehrt sie zur Genesung zu ihrem Neffen zurück in die Vereinigten Staaten, wo sie 1990 im Alter von 94 Jahren stirbt.

Dora Kallmus überlebt den Krieg in ihrem Versteck in Südfrankreich. Nach 1945 ändern sich ihre Themen und auch ihre Arbeitsweise drastisch. Unabhängig von Auftraggeberwünschen und gesellschaftlicher Anerkennung verlässt sie das Atelier, fotografiert in österreichischen Flüchtlingslagern, dokumentiert Trauer und Resignation. Mitte der fünfziger Jahre beginnt sie, die Vegetarierin, mit einer Fotoserie über Pariser Schlachthöfe. Die 75-Jährige, die Katzen und Hunde ihr Leben lang um sich hat, richtet ihre Kamera nun auf enthäutete und geteilte Tierkadaver. Ein krasserer Gegensatz zu ihrer früheren Arbeit als Star-Fotografin lässt sich kaum vorstellen. 1958 ehrt die UNESCO Doras Lebenswerk durch eine große Ausstellung. Unter dem Titel „Portraits et Recherches" wird ein Überblick über ihr gesamtes Schaffen gegeben, Jean Cocteau hält die Eröffnungsrede. Nach einem Verkehrsunfall ist Dora Kallmus die letzten vier Jahre ihres Lebens pflegebedürftig. So sehr es sie in jüngeren Jahren nach Paris gezogen hat, so sehr sehnt sie sich im Alter wieder zurück nach Österreich. Die letzten zwei Jahre bis zu ihrem Tod 1963 wird sie von einer Freundin in der Steiermark gepflegt. Auf ihrem Grabstein ist auch der Name ihrer ins Konzentrationslager deportierten Schwester eingraviert.

Ein halbes Jahr vor Dora Kallmus stirbt Veza Canetti 65-jährig in London. Sie ist physisch und psychisch gebrochen, geht in den letzten Jahren kaum noch in die Öffentlichkeit; es gibt Gerüchte, sie habe Selbstmord begangen. Elias Canetti schreibt nach dem Tod seiner Frau über sein bekanntestes Werk *Masse und Macht:* „Ihr geistiger Anteil daran ist so groß wie meiner. Es gibt keine Silbe darin, die wir nicht zusammen bedacht und besprochen haben." Im Vorwort zu ihrem Roman *Die Gelbe Straße* beklagt er: „Es ist unnatürlich, daß heute über Vezas Schreiben nichts bekannt ist." Doch der Nobelpreisträger von 1981 hat ganz wesentlich zum Vergessen der Schriftstellerin beigetragen. Mit keinem einzigen Wort erwähnt er in seiner Autobiografie die literarische Arbeit seiner Frau. In mancher Kritik wird gefragt, ob hinter diesem Schweigen die Angst vor Konkurrenz gesteckt habe. Den ehelichen

Briefwechsel verbrennt er, als Vezas Werk in den neunziger Jahren wiederentdeckt wird. *Die Gelbe Straße,* mittlerweile in dreizehn Sprachen übersetzt, wird 1990 erstmals in Deutschland veröffentlicht. Ein Jahr später folgt *Der Oger,* 1992 der Erzählband *Geduld bringt Rosen,* ein Titel, der nicht der Ironie entbehrt. 1999 erscheint ihr Roman *Die Schildkröten,* dessen Veröffentlichung in London durch den Kriegsausbruch 1939 verhindert wurde. Der zuletzt publizierte Band *Der Fund* fasst Stücke und Erzählungen aus der Wiener und Londoner Zeit zusammen.

„Ich kann mir nicht vorstellen, Annafreuds Leben nicht zu teilen. Ich denke, wir brauchen uns mehr denn je. Sie wird sich sicherlich, wo immer sie es für nötig hält, für die Analyse einsetzen. Das ist ihr Hauptlebensinhalt und ich werde mich dem mehr oder weniger anpassen müssen. So daß ich mir letztlich nur vorstellen kann, dort zu arbeiten, wo Anna ist", schreibt Dorothy Burlingham im Mai 1944 an ihren Sohn Bob.[2] Im Londoner Exil setzen die beiden Lebensgefährtinnen ihre Arbeit bald fort. Sie richten die Hampstead Nurseries für kriegsgeschädigte englische Kinder ein, und nach dem Krieg kümmern sie sich um Kleinkinder, die das Konzentrationslager Theresienstadt als Waisen überlebt haben. Anna Freud beginnt mit der Herausgabe der *Gesammelten Werke* ihres Vaters, der ein Jahr nach der Ankunft in London 1939 gestorben ist, und gründet 1947 ein eigenes Lehrinstitut für Kinderanalyse. Dieser Hochschule für Analytikerinnen und Analytiker wird später die Hampstead-Kinderklinik angegliedert, deren Direktorin Anna ist. Die Tochter des Vaters der Psychoanalyse wird zur Mutter der Kinderanalyse, Hampstead zu einer weit uber England hinaus anerkannten Forschungs- und Ausbildungsstätte.

Hier kommt 1956 ein Scheck von Marilyn Monroe an, die während der Dreharbeiten zu *Der Prinz und die Tänzerin,* dem Nervenzusammenbruch nahe, bei Anna in Behandlung gewesen ist. „Eine Woche lang bleibt Marilyn Monroe den Dreharbeiten fern, kein Mensch weiß, was sie tut. Täglich fährt ihr Wagen in Maresfield Gardens vor, täglich verschwindet sie in Anna Freuds Behandlungszimmer ... Einmal nimmt Anna Freud ihre Patientin mit in den Kindergarten der Klinik. Hier lebt die Monroe auf, ist entspannt, scherzt und

Dorothy Burlingham und Anna Freud, 1978.

spielt mit den Kleinen. Sie ist ungeheuer beeindruckt von der Arbeit Anna Freuds, erzählt, daß sie bereits 1947, als Einundzwanzigjährige, Sigmund Freuds *Traumdeutung* gelesen habe ..."[3]

An der Ostküste Englands, drei Autostunden von London, finden Anna und Dorothy ein Cottage als Ersatz für ihr Wochenend- und Ferienhaus in Hochrotherd. In den Sommermonaten kommen Freundinnen aus aller Welt zu Besuch in diese „girls' boarding school". Hier werden Vorträge vorbereitet und Reisen zu Kongressen in fast alle europäischen Hauptstädte und nach Amerika, wo Anna ihre erste Ehrendoktorwürde erhält. Österreich steht erst 1971 auf dem Reiseplan, Deutschland wird sie nie wieder betreten.

Im November 1979, während eines Symposiums, an dem viele Freundinnen aus Wiener Zeiten teilnehmen, stirbt Dorothy. Anna greift zu ihrem bewährten Mittel Arbeit, kümmert sich um die Klinik, schreibt weiter an ihren Büchern, arbeitet mit einigen Patientinnen. Einer Freundin, die sie fragt, wer sie jetzt begleiten werde, antwortet sie: „The answer is simple: I go alone, since I do not believe in substitute company. I try to learn being alone apart from work." Drei Jahre später, im Oktober 1982, stirbt Anna Freud im Alter von 87 Jahren an den Folgen eines Schlaganfalls.

Kurz vor ihrem Tod hat sie Hilde Spiel kennen gelernt und wird einige Male von der Journalistin in Hampstead besucht. Anna hält die gut 70-Jährige für wesentlich jünger und fragt sie einmal: „Wie machen Sie das?" „Arbeit", antwortet Hilde Spiel. Anna Freud nickt und sagt: „Ja, so hab ich's auch immer gemacht."

Hilde Spiel arbeitet zu dieser Zeit schon viele Jahre wieder in ihrer Heimatstadt Wien als Korrespondentin der *Frankfurter Allgemeinen Zeitung*. Die unmittelbaren Nachkriegsjahre hat sie als Theaterkritikerin der *Welt* in Berlin verbracht, dann folgen viele Jahre freier publizistischer Tätigkeit in London für deutschsprachige Zeitungen und Rundfunkstationen. 1963 kehrt sie endgültig nach Wien zurück. Unter den literarischen Werken ist ihre wohl bekannteste Publikation die historische Biografie *Fanny von Arnstein oder Die Emanzipation.* Hilde Spiel wird hoch geschätzte Kritikerin, gestaltet den Journalismus im Nachkriegseuropa entscheidend mit und erwirbt sich den Ruf einer moralischen Instanz. Was die „Grande Dame der deutschsprachigen Literatur" einst über den Wiener Kulturphilosophen Egon Friedell schrieb, trifft auch auf sie zu: „Egon Friedell schrieb für den gebildeten Leser, doch jeder versteht ihn, der den Willen dazu hat. Dies rührt daher, daß er niemals über den Kopf des Lesers hinwegsieht, sondern in Augenhöhe zu ihm redet – freilich in seiner eigenen, die beträchtlich war."[4] Dass sie stets auf ihren „Brotberuf" als Journalistin reduziert wird und als Schriftstellerin weniger Anerkennung bekommt, kränkt sie bis zu ihrem Tod, 1990 in Wien. Statt als hervorragende Journalistin und Essayistin wäre sie lieber in die Annalen als „female Proust of Vienna" eingegangen, wie die *Times* sie in einer Rezension Ende der sechziger Jahre bezeichnet.

Emigrationsschicksale sind oft voller Zufälle und glücklicher Fügungen. Die Wiener Ausdruckstänzerinnen verschlägt es in ganz unterschiedliche Richtungen. Gertrud Kraus unterrichtet bis Anfang der siebziger Jahre in Jerusalem und Tel Aviv, widmet sich aber zunehmend der Bildhauerei und Malerei. Bis zu ihrem Tod 1977 bleibt das Atelier dieser vielseitigen Künstlerin Treffpunkt junger Menschen, die in unterschiedlichen Bereichen kreativ tätig sind und bei Gertrud Kraus vor allem lernen, spartenübergreifend zu denken.

Gertrud Bodenwiesers Begeisterung für das „typische" Leben in ihrem australischen Exil hält sich zunächst in Grenzen. Die „Prophetin des modernen Tanzes" verabscheut Picknicks, Lagerfeuer und Insekten und beklagt anfangs sehr die „fehlende Kultur". Angenehm überrascht hingegen ist sie von der Tanzbegabung der jungen Frauen dort. Als künstlerische Nomadinnen legen die Tänzerinnen des „Bodenwieser Ballet" Tausende von Kilometern in

Australien zurück und tanzen sowohl vor städtischem Publikum als auch in den entlegendsten Gegenden. Über zwanzig Jahre arbeitet Bodenwieser für die Verbreitung und Anerkennung des neuen Tanzes auf der südlichen Halbkugel, macht Tourneen nach Südafrika und Indien und „bald gab es keinen Staat im Commonwealth mehr, wo die Bodenwiesers nicht bewundert und mit Applaus überschüttet worden wären", heißt es im *Sydney Herald Tribune* nach ihrem Tod 1959.

Hilde Holger hat 1951 in London ihren zweiten Karriere-Durchbruch. In der Kirche St. Martin-in-the-Fields führt sie ihr Stück *Under the Sea* auf. Ihre Idee, Altarstufen als Bühne für expressionistische Kunst zu benutzen, provoziert die öffentliche Diskussion und in der Presse wird gefragt: „Darf man eine Kirche in ein Ballett-Theater verwandeln?" Seit der Geburt ihres behinderten Sohnes widmet sich die Künstlerin verstärkt der tanztherapeutischen Arbeit. Ihre erste große Choreografie in diesem Bereich, *Towards the Light* zu Musik von Grieg, gilt als wegbereitend für die Tanztherapie in England.

Anfang der fünfziger Jahre zieht sie mit Ehemann und Kindern nach Camden Town. In diesem bunten, kosmopolitischen Stadtteil von London fühlt Hilde Holger sich nach langer Zeit wieder heimisch. In ihrem Studio hat sie Ruhe zum Arbeiten. Ihre Choreografien thematisieren auch aktuelle politische Ereignisse. „Als ich von Mao Tse Tung und der Revolution in China hörte, war ich sehr beeindruckt. Ich las viel über dieses Land und fand in einem Text des neuseeländischen Autors Rewy Alley genau das beschrieben, was ich im Tanz ausdrücken wollte, in *Men Against Flood,* ... wie Menschen gemeinsam gegen eine große Überschwemmung vorgehen."[5] Hilde Holger macht sich einen Namen als eigenwillige expressionistische Künstlerin, ihr Studio wird Anziehungspunkt für Schülerinnen und Schüler, die an innovativen Ausdrucksformen interessiert sind.

Bis zum Sommer 2001 unterrichtet Hilde Holger in ihrem Studio im Keller eines typischen schmalen englischen Reihenhauses. Die 96-Jährige leidet unter schwerer Arthrose und kann sich nur noch mit Hilfe jüngerer Freundinnen und Freunde, die teilweise mit im Haus wohnen, fortbewegen. Zweimal in der Woche fährt sie mit dem Treppenlift nach unten, wo sie ihre Schü-

Hilde Holger in ihrem Londoner Studio, 1988.

lerinnen und Schüler empfängt. Im engen Treppenhaus kleben Zeitungsartikel und Plakate aus früheren Zeiten an den Wänden, auf die Hilde uns im schönsten wienerischen Englisch hinweist, als wir sie an einem Samstagabend im Mai 2001, vier Monate vor ihrem Tod, besuchen. Wien „als philosophischen Ort" hat sie nie verlassen, betont immer noch die Kunst als ihre Lebensphilosophie. „Es ist mein größtes Interesse, so lange ich noch unterrichten kann, mit den Menschen die wirkliche tänzerische Kraft zu erzielen und sie zu neuen Ideen zu führen ... Wenn ich noch einmal geboren würde, würde ich wieder tanzen."

ANMERKUNGEN

1 SZENARIUM

1 Stefan Zweig: Die Welt von Gestern. Erinnerungen eines Europäers. Frankfurt/M. 2000, S. 30
2 Milena Jesenská: Alles ist Leben. Feuilletons und Reportagen 1919-1939. Frankfurt/M. 1996, S. 15
3 Hilde Spiel: Die hellen und die finsteren Zeiten. Wien 1989, S. 39
4 Hilde Spiel: Weltbürgerin der Literatur. Hg.: Hans A. Neunzig und Ingrid Schramm. Wien 1999, S. 59
5 Thomas Chorherr: Wien. Eine Geschichte. Wien 1987, S. 279

2 DIE NETZWERKERINNEN DER SALONS

1 Berta Zuckerkandl: Österreich intim. Erinnerungen 1892-1942. Hg.: Reinhard Federmann. Frankfurt/M. 1970, S. 123 (im Weiteren: Österreich intim)
2 Neues Wiener Journal, 21. November 1918
3 Maria Ley-Piscator: Der Tanz im Spiegel. Reinbek 1989, S. 36
4 Wiener Allgemeine Zeitung, 13. November 1914
5 Berta Zuckerkandl: Clemenceau, tel que je l'ai connu. Algier 1944, S. 223
6 Helene von Nostitz: Aus dem alten Europa. Menschen und Städte. Leipzig 1926, S. 98
7 Berta Zuckerkandl: Ich erlebte fünfzig Jahre Weltgeschichte. Stockholm 1939, S. 263 (im Weiteren: Weltgeschichte)
8 Österreich intim, S. 186
9 Weltgeschichte, S. 295
10 Hilde Spiel: Die hellen und die finsteren Zeiten. München 1989, S. 39
11 Stefan Zweig: Die Welt von Gestern. Erinnerungen eines Europäers. Frankfurt/M. 2000, S. 337
12 Österreich intim, S. 185
13 Gina Kaus: Von Wien nach Hollywood. Frankfurt/M. 1990, S. 43
14 Österreich intim, S. 67
15 Friedrich Torberg: Die Erben der Tante Jolesch. München 1978, S. 243
16 Klaus Mann: Der Wendepunkt. Ein Lebensbericht. München 1981, S. 370 (im Weiteren: Wendepunkt)
17 Karola Bloch: Aus meinem Leben. Pfullingen 1981, S. 98
18 Elias Canetti: Das Augenspiel. Lebensgeschichte 1931-1937. München 1985, S. 59
19 Wendepunkt, S. 371
20 Elsie Altmann-Loos: Mein Leben mit Adolf Loos. Wien-München 1984, S. 95 (im Weiteren: Mein Leben)
21 Mein Leben, S. 89

22 Mein Leben, S. 85
23 Renate Göllner: Mädchenbildung um 1900. Eugenie Schwarzwald und ihre Schulen. Wien 1986, S. 40 (im Weiteren: Mädchenbildung)
24 Mädchenbildung, S. 45
25 Neue Zürcher Zeitung, 4. November 1928
26 Mädchenbildung, S. 54
27 Mädchenbildung, S. 53
28 Eugenie Schwarzwald: Die Ochsen von Topolschitz. Feuilletons. Wien 1995, S. 116
29 Mädchenbildung, S. 63
30 Genies, S. 261

3 TÄNZE AM RANDE DES VULKANS

1 Bodenwieser, Gertrud: The New Dance. Sydney 1960, S. 37
2 Dunlop MacTavish, Shona: Gertrud Bodenwieser. Wien-Sydney 1992, S. 20 (Im Weiteren: Bodenwieser)
3 Bodenwieser, S. 27
4 AZ Journal, 9/79, S. 14
5 Bodenwieser, S. 72
6 Bodenwieser, S. 28
7 Hirschbach, Denny/Takvorian, Rick (Hg.): Die Kraft des Tanzes. Wien-Bombay-London 1990, S. 14
8 Bodenwieser, S. 35
9 Bodenwieser, S. 41
10 Österreichisches Theatermuseum: Tanz 20. Jahrhundert in Wien. Wien 1979, S. 56
11 Bodenwieser, S. 44
12 Judith Brin Ingber: The gamin speaks. Conversations with Gertrud Kraus. In: Dance Magazine, März 1976, S. 46 (Ü: H.H.) (im Weiteren: The gamin)
13 The gamin, S. 46
14 Lotti Huber: Diese Zitrone hat noch viel Saft. St. Gallen-Berlin-Sáo Paulo 1990, S. 15 (Im Weiteren: Zitrone)
15 Giora Manor: The Life and Dance of Gertrud Kraus. Tel Aviv 1978, S. 11 (Ü: H.H.)
16 Gertrud Kraus aus Wien. Eine Spurensuche von Andrea Amort. In: tanz Affiche Nr. 74, Nov. 1997, S. 25
17 Berliner Tageblatt, 29. Juni 1930
18 The gamin, S. 46
19 The gamin, S. 46
20 Zitrone, S. 41/42

4 DIE STAR-FOTOGRAFINNEN

1 Das Leben der Madame d'Ora. Fritz Kempes Begegnungen und Freundschaften (3). In: Fotomagazin. München 1977
2 Elsie Altmann-Loos: Mein Leben mit Adolf Loos. Wien-München 1984, S. 195
3 Monika Faber: Madame d'Ora, Wien-Paris. Wien-München 1983, S. 8 (im Weiteren: Madame d'Ora)
4 Fritz Kempe: Perscheid, Benda, Madame d'Ora. Museum für Kunst und Gewerbe Hamburg 1980, S. 26
5 Madame d'Ora, S. 172
6 Madame d'Ora, S. 34
7 Übersee. Flucht und Emigration österreichischer Fotografen 1920-1940. Hg.: Anna Auer und Kunsthalle Wien 1997, S. 37 (im Weiteren: Übersee)
8 Übersee, S. 38
9 Hans Schreiber: Trude Fleischmann. Fotografin in Wien 1918-1938. Wien 1990, S. 29

5 INSPIRATION KAFFEEHAUS

1 Lina Loos: Das Buch ohne Titel. Hg.: Adolf Opel. Wien 1996, S. 219 (im Weiteren: Titel)
2 Lina Loos: Wie man wird was man ist. Hg.: Adolf Opel. Wien 1994, S. 128
3 Titel, S. 81
4 Titel, S. 166
5 Lisa Fischer: Lina Loos oder Wenn die Muse sich selbst küßt. Wien-Köln-Weimar 1995, S. 122 (im Weiteren: Muse)
6 Titel, S.132
7 Muse, S. 40
8 Muse, S. 59
9 Du silberne Dame Du. Briefe von und an Lina Loos. Hg.: Franz Theodor Csokor und Leopoldine Rüther. Wien-Hamburg 1966, S. 232
10 Ea von Allesch: Modespaziergang durch den Herbst. In: Moderne Welt. Wien 1918, Heft 1-2, S. 39 (im Weiteren: Moderne Welt)
11 Elisabeth Albertsen: Ea oder die Freundin bedeutender Männer. In: Musil-Forum. Saarbrücken 1979, S. 21
12 Prager Presse. Prag 1921, Nr. 82
13 Helga Malmberg: Widerhall des Herzens. Ein Peter Altenberg-Buch. München 1961, S. 137
14 Moderne Welt. Wien 1918, Heft 3
15 Ea von Allesch: Sportkleider. In: Prager Presse. Prag 1925, Nr. 156
16 Ea von Allesch: Frühlingserlebnis. In: Prager Presse. Prag 1924, Nr. 89
17 Frauke Severit: Ea von Allesch. Wenn aus Frauen Menschen werden. Eine Biographie. Wiesbaden 1999, S. 200
18 Alena Wagnerová: Milena Jesenská. Biographie. Mannheim 1994, S. 80 (im Weiteren: Biographie)
19 Biographie, S. 73
20 Milena Jesenská. Alles ist Leben. Feuilletons und Reportagen 1919-1939. Hg.: Dorothea Rein. Frankfurt/M. 1996, S. 11 (im Weiteren: Rein)

21 Gina Kaus: Von Wien nach Hollywood. Los Angeles 1990, S. 49 (im Weiteren: Gina Kaus)
22 Gina Kaus, S. 100
23 Gina Kaus, S. 80
24 Gina Kaus, S. 124
25 Rein, S. 128
26 Biographie, S. 144
27 Biographie, S. 161
28 Veza Canetti: Geduld bringt Rosen. München 1992, S. 49 (im Weiteren: Rosen)
29 Elias Canetti: Die Fackel im Ohr. Lebensgeschichte 1921-1931. Frankfurt/M. 2000, S. 72 (im Weiteren: Fackel)
30 Fackel, S. 152
31 Fackel, S. 126
32 Veza Canetti: Die gelbe Straße. München 1990, S. 63
33 Ernst Fischer: Erinnerungen und Reflexionen. Reinbek 1969, S. 238
34 Ruth von Mayenburg: Blaues Blut und rote Fahnen. Ein Leben unter vielen Namen. Wien-München-Zürich 1969, S. 111
35 Rosen, S. 75
36 Veza Canetti: Die Schildkröten. München-Wien 1999, S. 27
37 Hilde Spiel: Die hellen und die finsteren Zeiten. Erinnerungen 1911-1946. München 1989, S. 53 (im Weiteren: Zeiten)
38 Hilde Spiel, die Grande Dame. Gespräch mit Anne Linsel, in der Reihe „Zeugen des Jahrhunderts". Hg.: Ingo Hermann. Göttingen 1992, S. 16 (im Weiteren: Grande Dame)
39 Zeiten, S. 44
40 Hilde Spiel: Rückkehr nach Wien. Ein Tagebuch. München 1996, S. 72 (im Weiteren: Rückkehr)
41 Zeiten, S. 80
42 Zeiten, S. 75
43 Rückkehr, S. 24
44 Grande Dame, S. 36
45 Hilde Spiel: Flöte und Trommeln. In: Frühe Tage. München-Hamburg 1986, S. 272
46 Rückkehr, S. 16

6 ANNA FREUD & FREUNDINNEN

1 Uwe Henrik Peters: Anna Freud. Ein Leben für das Kind. München 1979, S. 48
2 Peter Heller (Hg.): Anna Freud: Briefe an Eva Rosenfeld. Frankfurt/M. 1992, S. 109 (im Weiteren: Briefe)
3 Briefe, S. 41
4 Briefe, S. 41
5 Briefe, S. 155
6 Briefe, S. 156
7 Muriel Gardiner: Deckname Mary. Erinnerungen einer Amerikanerin im österreichischen Untergrund. Wien 1989, S. 36 (im Weiteren: Deckname Mary)
8 H. D. (Hilda Doolittle): Huldigung an Freud. Rückblick auf eine Analyse. Frankfurt/M.-Berlin-Wien 1976, S. 87 (im Weiteren: Huldigung)

9 Rolf Denker: Anna Freud zur Einführung. Hamburg 1995, S. 22 (im Weiteren: Einführung)
10 Huldigung, S. 189
11 Briefe, S. 207
12 Briefe, S. 171
13 Briefe, S. 207
14 Elisabeth Young-Bruehl: Anna Freud. Eine Biographie. Wien 1995, S. 260 (im Weiteren: Anna Freud)
15 Anna Freud, S. 200
16 Briefe, S. 196
17 Briefe, S. 199
18 Briefe, S. 198
19 Anna Freud, S. 320
20 Einführung, S. 28
21 Deckname Mary, S. 6

7 BÜHNENZAUBER

1 Maria Jeritza: Sunlight and Song. New York-London 1924, S. 170f. (Im Weiteren: Jeritza)
2 Jeritza, S. 9
3 Robert Werba: Maria Jeritza. Wien 1981, S. 22f.
4 Neues Wiener Tagblatt, 17.03.1912
5 Neue Freie Presse, 05.10.1915
6 Berndt W. Wessling: Lotte Lehmann. Salzburg 1969, S. 18ff. (Im Weiteren: Wessling)
7 Neue Freie Presse, 03.11.1919
8 Hans Veigl / Sabine Derman: Die wilden 20er Jahre. Wien 1999, S. 87
9 Neues Wiener Journal, 22.10.1921
10 Jürgen Kesting: Die großen Sänger. Düsseldorf 1986, S. 779
11 Neues Wiener Journal, 27.04.1928
12 Wiener Zeitung, 23.01.1930
13 Wessling, S. 130f.
14 Richard Coudenhove-Kalergi: Ida Roland. In Memoriam. London 1951, S. 22 (Im Weiteren: Ida Roland)
15 Ute Koll: Ida Roland. Diss. Wien 1970, S. 76 (Im Weiteren: Ute Koll)
16 Ida Roland, S. 28
17 Ute Koll, S. 117
18 Ute Koll, S. 140
19 Ute Koll, S. 144
20 Ida Roland, S. 20
21 Max Reinhardt: Meine Wiege stand auf der vierten Galerie. In: Renate Seydel (Hg.): Schauspieler erzählen ... über sich und andere. Berlin 1980, S. 46
22 Wiener Zeitung, 31.3.1925
23 Neue Freie Presse, 10.10.1925

8 NEUANFÄNGE

1 Gina Kaus: Von Wien nach Hollywood. Frankfurt/M. 1990, S. 213

2 Michael John Burlingham: The last Tiffany. A Biography of Dorothy Tiffany Burlingham. New York 1989, S. 286 (Übersetzung H. H.)

3 Detlef Berthelsen: Alltag bei Familie Freud. Die Erinnerungen der Paula Fichtl. Hamburg 1987, S. 152

4 Hilde Spiel: Rückkehr nach Wien. Ein Tagebuch. München 1996, S. 150

5 Denny Hirschbach/Rick Takvorian (Hg.): Die Kraft des Tanzes. Wien-Bombay-London 1990, S. 60

BILDNACHWEISE

Archiv Brandstätter: 7
Archiv Hubmann: 35
Archiv Klaus Wagenbach: 126, 132
Archiv Seemann: 12, 16, 143
Archiv Sinhuber: 2, 15, 23
Bomann, Primavera: 64, 75, 76, 225
Brandl, Stephanie: 100
Canetti, Johanna: 144, 149
Dance Library of Israel: 81, 83, 85, 87
Faber, Johannes; Galerie Faber: 104
Faber, Monika. Madame d'Ora, Wien 1983: 88, 90, 95, 98
Freud Museum, London: 166
Hosnik, Sigfried: 198
Jeremias, Trude: 219
Keystone Bild: 167, 183
Literaturhaus Wien: 117, 118
Österreichische Gesellschaft für Zeitgeschichte, Bildarchiv - Wien: 79
Österreichisches Literaturarchiv: 152, 162
Österreichische Nationalbibliothek: 24, 26, 27, 45, 72, 91, 106, 134, 142, 156, 184, 187, 194, 199
Sammlung M. und H. Schreiber: 103
Sammlung Volker Scherliess: 41
© Shona Dunlop McTavish: 66, 70, 73
Streibel, Robert: 30, 51, 57, 58, 61
Theatermuseum: 192, 195, 196, 200, 203, 207, 210, 211, 213, 215
Ullstein Bilderdienst: 135
Verlag Fritz Molden: 19, 122
VG Bild-Kunst: 29
Vondrácková, Jaroslava: 129
© Mark Paterson Agency, Cochester: 164, 172, 175, 177, 222
Zsolnay Verlag: 116

Wir danken allen Autoren, Fotografen, Verlagen und Nachlassverwaltern für die freundliche Genehmigung zum Abdruck. In einigen Fällen ist es trotz intensiver Nachforschungen nicht gelungen, die heutigen Rechteinhaber zu ermitteln. Wir bitten diese, sich mit dem Verlag in Verbindung zu setzen.

ZUM WEITERLESEN

Elsie Altmann-Loos: Mein Leben mit Adolf Loos. Wien-München 1984

Eva Bakos: Wilde Wienerinnen. Leben zwischen Tabu und Freiheit. Wien 1999

Karola Bloch: Aus meinem Leben. Pfullingen 1981

Christian Brandstätter / Werner J. Schweiger: Das Wiener Kaffeehaus. Wien-München-Zürich 1978

Hermann Broch: Das Teesdorfer Tagebuch für Ea von Allesch. Frankfurt/M. 1995

Margarete Buber-Neumann: „Sterben allein ist zu wenig". Milena Jesenská. München 2001

Michael John Burlingham: The Last Tiffany. A Biography of Dorothy Burlingham. New York 1989

Elias Canetti: Die Fackel im Ohr. Lebensgeschichte 1921-1931. Frankfurt/M. 2000

Veza Canetti: Der Fund. München-Wien 2001

Dies.: Die gelbe Straße. München 2000

Dies.: Die Schildkröten. München-Wien 1999

Dies.: Geduld bringt Rosen. München-Wien 1992

Jana Cerna: Milena Jesenská. Frankfurt/M. 1985

Franz Theodor Csokor und Leopoldine Rüther (Hg.): Du silberne Dame Du. Briefe von und an Lina Loos. Wien-Hamburg 1966

Milan Dubrovic: Veruntreute Geschichte. Die Wiener Salons und Literatencafés. Wien 1985

Shona Dunlop MacTavish: Gertrud Bodenwieser. Tänzerin, Choreographin, Pädagogin. Wien-Sydney 1992

Monika Faber: Madame d'Ora. Wien-Paris. Portraits aus Kunst und Gesellschaft 1907-1957. Wien-München 1983

Ernst Fischer: Erinnerungen und Reflexionen. Reinbek 1969

Lisa Fischer: Lina Loos oder Wenn die Muse sich selbst küßt. Wien-Köln-Weimar 1995

Trude Fleischmann. Fotografien 1918-1938. Galerie Faber. Wien 1988

Anna Freud. Briefe an Eva Rosenfeld. Hg.: Peter Heller. Frankfurt/M. 1994

Muriel Gardiner: Deckname Mary. Erinnerungen einer Amerikanerin im österreichischen Untergrund. Wien 1983

Eva Geber u.a.: Die Frauen Wiens. Ein Stadtbuch für Fanny, Frances und Francesca. Wien 1992

Françoise Giroud: Alma Mahler. Wien 1989

Alice Herdan-Zuckmayer: Genies sind im Lehrplan nicht vorgesehen. Frankfurt/M. 1979

Denny Hirschbach / Rick Takvorian (Hg.): Die Kraft des Tanzes. Hilde Holger. Wien-Bombay-London 1990

Lotti Huber: Diese Zitrone hat noch viel Saft. Ein Leben. St. Gallen-Berlin-Sáo Paulo 1990

Alan Jefferson: Lotte Lehmann. Eine Biographie. Zürich 1991

Milena Jesenská. Alles ist Leben. Feuilletons und Reportagen 1919-1939. Hg.: Dorothea Rein. Frankfurt/M. 1996

Britta Jürgs: Leider hab ich's Fliegen ganz verlernt. Portraits von Künstlerinnen und Schriftstellerinnen der Neuen Sachlichkeit. Berlin 2000

Gina Kaus: Die Verliebten. Oldenburg 1999

Dies.: Die Unwiderstehlichen. Oldenburg 2000

Dies.: Teufel in Seide. Gütersloh 1956

Dies.: Von Wien nach Hollywood. Frankfurt/M. 1990

Maria Ley-Piscator: Der Tanz im Spiegel. Mein Leben mit Erwin Piscator. Reinbek 1989

Lina Loos: Das Buch ohne Titel. Hg.: Adolf Opel. Wien 1996

Dies.: Wie man wird was man ist. Hg.: Adolf Opel. Wien 1994

Alma Mahler-Werfel: Mein Leben. Frankfurt/M. 2000

Klaus Mann: Der Wendepunkt. Ein Lebensbericht. München 1981

Helga Malmberg: Widerhall des Herzens. München 1961

Giora Manor: The Life and Dance of Gertrud Kraus. Tel Aviv 1978

Ruth von Mayenburg: Blaues Blut und rote Fahnen. Ein Leben unter vielen Namen. Wien-München-Zürich 1969

Lucian O. Meysels: In meinem Salon ist Österreich. Berta Zuckerkandl und ihre Zeit. Wien 1997

Österreichisches Theatermuseum: Tanz 20. Jahrhundert in Wien. Wien 1979

Marcel Prawy: Die Wiener Oper. Wien-München-Zürich 1969

Ines Rieder: Wer mit wem? Berühmte Frauen und ihre Liebhaberinnen. Wien 1994

Helfried Seemann / Christian Lunzer: Das Wiener Kaffeehaus. Kaffeehaus Album 1860-1930. Wien 2000

Eugenie Schwarzwald: Die Ochsen von Topolschitz. Feuilletons. Wien 1995

Frauke Severit: Das alles war ich. Politikerinnen, Künstlerinnen, Exzentrikerinnen der Wiener Moderne. Wien 1998

Dies.: Ea von Allesch: Wenn aus Frauen Menschen werden. Wiesbaden 1999

Hilde Spiel: Die hellen und die finsteren Zeiten. Erinnerungen 1911-1946. München 1989

Dies.: Glanz und Untergang. Wien 1866-1938. München 1988

Dies.: Rückkehr nach Wien. Ein Tagebuch. München 1996

Robert Streibel: Eugenie Schwarzwald und ihr Kreis. Wien 1996

Übersee. Flucht und Emigration österreichischer Fotografen 1920-1940. Hg.: Anna Auer und Kunsthalle Wien 1997

Hans Veigl / Sabine Derman: Die wilden 20er Jahre. Wien 1999

Renate Wagner: Heimat bist du großer Töchter. Wien 1996

Alena Wagnerová: Milena Jesenská. Biographie. Mannheim 1994

Robert Werba: Maria Jeritza. Primadonna des Verismo. Wien 1981

Elisabeth Young-Brühl: Anna Freud. Eine Biographie. Wien 1995

Stefan Zweig: Die Welt von gestern. Erinnerungen eines Europäers. Frankfurt/M. 2000

PERSONENREGISTER

DANKE!

Die Freundinnen und Freunde,
die man morgens um vier Uhr anrufen kann,
die zählen.
(frei nach Marlene Dietrich)

Wir danken allen, die unser Buchprojekt durch Höhen und Tiefen begleitet und uns tatkräftig unterstützt haben.

Besonders herzlichen Dank an:
Karin Ballauff, Wilhelm Berner, Rolf Christian Bracke, Brigitte Ehl-Bracke, Rolli Fischer, Elke Gerking, Luise und Dieter Gößling, Christa und Klaus Herrberg, Anna Maria Hof, Sanne Kaperlat, Anne Klein, Iris Konopik, Sabine Stadtfeld, Irmlind Vodegel und Jutta Wünnenberg.

Für die freundliche Unterstützung bei unseren Recherchen danken wir:
Anna Auer, Fotopublizistin, Wien
Othmar Barnert, Österreichisches Theatermuseum, Wien
Johanna Canetti, Zürich
Johannes Faber, Galerie Faber, Wien
Monika Faber, Chefkuratorin Fotosammlung Albertina, Wien
Eckhart Früh, Dokumentation der Wiener Arbeiterkammer, Wien
Denny Hirschbach, Verlag Zeichen und Spuren, Bremen
Hilde Holger, London
Heinz Lunzer, Geschäftsführer des Literaturhauses, Wien
Hedwig Müller, Theaterwissenschaftliche Sammlung Schloß Wahn, Köln
Eva Wanlek, Institut für Wissenschaft und Kunst, Wien
Jarmila Weißenböck, Österreichisches Theatermuseum, Wien.
Außerdem waren uns in Wien folgende Institutionen sehr behilflich:
das Freud-Museum, das Historische Museum, das Institut für Zeitgeschichte, der Milena Verlag, die Österreichische Nationalbibliothek, die Stadt- und Landesbibliothek.

Dank auch an die Gemeindeverwaltung Kirchlengern, das Museum für Kunst und Gewerbe, Hamburg, die Stadtbibliothek Bielefeld samt der Musikabteilung sowie das Tanzarchiv Köln.